バートルビー

偶然性について

［附］ハーマン・メルヴィル『バートルビー』

ジョルジョ・アガンベン
高桑和巳 訳

月曜社

手紙を受け取ったのと同じ日、私は「霊廟」に、よりきちんと言うなら司法庁舎に行った。私は担当の役人を探し出して、訪問の用件を述べた。すると……
（ハーマン・メルヴィル「バートルビー」より。本書153頁）

一、本書は、ジョルジョ・アガンベンの論文「バートルビー 偶然性について」と、ハーマン・メルヴィルの小説「バートルビー」をあわせて日本語訳し、解説を付したものである。底本その他の書誌的情報については「翻訳者あとがき」を参照のこと。

二、原則として、諸符号の転記は慣例にしたがう。すなわち、（ ）→（ ）、« »→「 」、大文字で始まる語（固有名を除く）、および成句をなす目的でハイフンで繋がれた語句→〈 〉。[ ]は原著者注記および原著者による引用の省略に用いる。イタリックに関しては強調の場合は傍点。ただし、単に外国語ゆえのイタリックは看過し、原語指示にあたってはローマン体にする。また、意味を通すためこれらの規則にしたがわない場合も若干だがある。

三、本文中に現れる原語などの指示については、読みやすさに配慮して、読みのみをルビで記したり、欧文表記を注にまわしたりするなど、適宜操作する。

四、ローマ字母を用いない言語（ギリシア語など）は、原語指示にあたってはローマ字母に転記する。なお、ギリシア語の転記に関しては強勢《アクセント》符号は無視する。付した符号は長母音を示すにすぎない。慣用どおり転記するが、複数の慣用のあるものについては以下の原則にしたがう。ξ→x；υ→y；φ→ph；χ→ch；γγ→ng.

五、原語の読みをカナ書きする場合はなるべく原音を尊重するが、ギリシア語人名における長音を転記しないなどの慣例にしたがったものも多い。

六、引用に関する指示はもともとは本文のなかにあったが、原則として本文から外に出して注にする。なお、引用の文言は、アガンベンの意図を反映するため、必ずしも既訳にしたがっていない。

七、注はいずれも原文には存在しない。注は基本的に、前項（三）と（六）によって翻訳者が設けるものである。厳密な意味での訳注は最小限にとどめる。ただし、メルヴィル「バートルビー」に付されている注はすべて訳注である。また、本文中で稀に用いられている〔 〕も翻訳者による補足である。

目次

バートルビー　偶然性について

御座を創造するのと同時に、神は書板を創造した。その書板は、その上を人間が歩くと千年かかるほど大きなものだった。書板はきわめて白い真珠でできており、端は紅玉、中央は翠玉でできていた。そこに書かれるものはすべて、最も純粋な光だった。神は一日に百度もこの書板を見た。見るたびに、神は構築しては破壊し、創造しては殺害した[……]。この書板を創造するのと同時に、神は光のペンを創造した。そのペンは、その上を人間が歩くと、縦に歩いて五百年かかるほど長く、横に歩いても同じだけかかるほど幅広だった。このペンを創造すると、神はこれに命じて、書くようにと言った。「何を書きましょうか？」とペンは言った。「おまえは、この世の始まりから終わりまで、私の知恵を、また私のすべての被造物を書くのだ」と神は応えた。[1]

『ムハンマドの階梯の書』第二十章

バートルビーは、筆生であることで、ある文学の星座に場を占めている。その星座の端に位置する極星はアカーキー・アカーキエヴィチであり（「この筆生の仕事においては、世界は彼にとっていわば完全に閉じていた［……］。いくつかの文字が気に入っていて、それらに出くわすと彼は有頂天になった」）、星座の中央にはブーヴァールとペキュシェという双子星があり（「二人のそれぞれに、秘かにいい考えが養われた［……］」。筆写だ」）、反対の端には、ジーモン・タンナー（彼の要求する唯一の身元は「私は筆生である」だ）と、どのようなカリグラフィであろうと易々と複製を作ることのできるムイシュキン公爵の白光が輝いている。少し離れたところには、小さな小惑星群のように、カフカの審判の、名のない書記たちがいる。しかし、バートルビーには哲学的な星座もある。バートルビーという形象の謎を解く暗号を含んでいるのはその星座だけであり、文学的な星座のほうでは暗号を充分にたどることができない、ということもありうる。

一　筆生　創造について

一・一

『スダ』の名で知られるビザンティン期の事典の「アリストテレス」の項は、次のような特異な定義を伝えている。「アリストテレスは自然の筆生であり、自分のペンを思考のなかに浸している」。ヘルダーリンは、ソポクレスの『オイディプス王』の翻訳に付した覚え書きでこの一節を引用しているが、そのとき彼は、明白な理由も示さずに、わずかな修正をほどこしてこれを転覆している。「アリストテレスは自然の筆生であり、好意あるペンを浸している」（「思考のなかに eis noun」ではなく「好意ある eunoun」となっている）。イシドルスの『語源』にはさらに異なる形が見られる。それはカッシオドルスに遡るものだ。「アリストテレスは、『命題論』〔『オルガノン』をなす基礎的論理学の作品の一つ〕を書くとき、ペンを精神のなかに浸していた」(2)。いずれにおいても決定的なのは自然の筆生という譬喩ではなく（その譬喩はすでにアッティコスに見られる）、ヌース、すなわち思考ないし精神が、この哲学者がペンを浸すインク壷に喩えられている、というところである。書くために思考が用いるインクというこの闇の滴《しずく》は、思考それ自体なのである。

この定義は、筆生という慎ましい外見をとって、西洋哲学の伝統の基礎をなす形象を我々に提示しているが、これは何に由来するのか？　また、この定義は、思考を、書くという行為に、それもかなり特殊ではある行為に喩えているが、これは何に由来するものなのか？　アリストテレスの全資料体のなかには一つだけ、これに幾分似た譬喩の見られるテクストがあり、それがカッシオドルスと未知の隠喩家にともに手がかりを与えたのかもしれない。ただし、それは論理学の『オルガノン』にではなく、『霊魂論』第三巻に見られる一節である。アリストテレスはそこで、ヌース、つまり潜勢力という状態にある知性ないし思考を、まだ何も書かれていない書板に喩えている。「書板《グランマテイオン》が、現勢力という状態にあっては何も書かれていない（が、潜勢力という状態にあっては字が書かれていると言える）のと同様のことが、ヌースについても起こる」(4)。(3)

紀元前四世紀のギリシアでは、パピルスの紙の上にインクで書くというのは、唯一の通例の書きかたではなかった。薄い蠟の層で覆われた書板を尖筆で引っ掻いて書くというのがより普通であり、とくに私用ではそうだった。自分の論考の決定点に至り、潜勢力という状態にある思考の本性と、思考が知性の現勢力へと移行するありかたを探究しようとするときに、アリストテレスが例として用いているのがこの種のものである。おそらくそれは、彼が自分の思考のあれこれをその瞬間に書きとめていた当の書板自体だったのだろう。ずっと後になって、ペンとインクで書くことが最もありふれた書きかたになり、アリストテレスの用いている譬喩が古く見えるおそれが生じたとき、誰かがこれを時代に合わせて新しくし、次いでその意味が『スダ』に記録された。

一・二

西洋哲学の伝統において、この譬喩は幸運に恵まれた。「書　板《グランマテイオン》 grammateion」を「白紙《タブラ・ラサ》 tabula rasa」とはじめて訳した『霊魂論』のラテン語訳者は、この譬喩を新たな歴史に委ねた。その歴史は、一方ではロックの「白紙」へと流れこみ（「精神は、いかなる性格もいかなる理念もない、いわば白紙のようなものだと想定しよう」）、他方では「白紙《タブラ・ラサ》に戻す far tabula rasa」という不適当な表現へと流れこむ。じつのところ、この譬喩は曖昧さを帯びる可能性を含んでおり、おそらくはそのことがこの譬喩の成功に貢献したのだろう。すでにアプロディシアスのアレクサンドロスが注記しているとおり、アリストテレスは書　板《グランマテイオン》について語るべきではなく、より正確には、その「蠟　膜《エピテーデイオテース》 epitēdeiotēs」について語るべきであった。これは、書　板《グランマテイオン》の表面を覆っている薄い蠟の層のことであり、そこに尖筆が文字を刻む（ラテン語訳者の用語を引けば、「滑らかにされた書板 tabula rasa」ではなく「書板の滑らかにされたところ rasura tabulæ」である）。この指摘（アレクサンドロスがこの点にこだわっているのはまったく正しい）はいずれにせよ理にかなっている。じつのところ、書板という譬喩を用いてアリストテレスが片をつけてしまおうとしている困難は、思考の純粋な潜勢力という問題、また、その潜勢力の現勢力への移行をどのように構想するかという問題である。というのは、もし仮に、思考がそれ自体ですでに何らかの決まった形式をもっており、つねにすでに特定のものである（ちょうど書板が一つの決まったものであるように）とすると、思考は必然的に可知的な対象として表明され、それは思考が知性という行為を為すことに対する障害となってしまうからだ。ヌースは「潜勢力という状態にあるという以外の本性をもたず、思考する以前には、現勢力という状態においては何ものでもない」とアリストテレスが入念に断っているのはそのためである。

したがって、精神とは何らかの決まったものではなく、純粋な潜勢力の存在なのであり、まだ何も書かれていない書板という譬喩こそまさしく、一つの純粋な潜勢力が存在するありかたを表すのに役立つ。じつのところ、何らかのものとして存在したり何らかの事柄を為したりすることができるという潜勢力はすべて、アリストテレスによれば、つねに、存在しないことができる、為さないことができるという潜勢力《デュナミス》[5]でもある。そうでなければ、潜勢力はつねにすでに現勢力へと移行し、現勢力と区別がつかなくなってしまうだろう（これはメガラの徒の主張であるが、『形而上学』第九巻でアリストテレスによってはっきりと反駁されている）。この「非の潜勢力」[6]は、潜勢力に関するアリストテレスの教説の密かな要である。その教説は、潜勢力自体のすべてを非の潜勢力にするものである（「あらゆる潜勢力は、それぞれに対応する非の潜勢力と同一のものに属し、同じ過程による」[7]）。建築家は建築することができるという潜勢力を、それを現勢力に移行させていないときにも保つ。キタラの演奏家がキタラの演奏家であるのは、キタラを演奏しないこともできるからである。同様に、思考は思考することができるとともに思考しないことができるという潜勢力として存在する。それはちょうど、まだ何も書かれていない、蠟で覆われた書板と同様である（これが、中世の哲学者たちのいう可能的知性である）。線刻を感じ取る蠟の層が筆生の尖筆によって引っ掻かれるのと同様に、思考の潜勢力は、即自的には何らかの決まったものではなく、知性の現勢力が到来するにまかせる。

一・三

メッシーナで一二八〇年から一二九〇年にかけて、アブラハム・アブラフィアが数篇のカバラー的論考を編んだ。ヨーロッパ各地の図書館に草稿のまま数世紀のあいだ埋もれていたそれらの論考は、今世紀になってはじめて、ゲルショム・ショーレムとモシェ・イデルによって、専門家以外の人々の注意を惹くことになった。そこでは、神による創造が書く行為として構想されており、そこでは文字が、いわば、神の創造をおこなう言《ことば》――ペンを操る筆生と同一視されている――が被造物に化体するにあたっての物質的な乗り物を表している。「数ある被造物の起源にある秘密は、アルファベットの文字である。それぞれの文字は、創造を参照する一つ一つのしるしである。筆生は手にペンをもち、ペンによってインクの物質の数滴を引くが、物質に与えたいと欲する形式を精神においてあらかじめ形象《かた》どっている。それと同じように――筆生の手を生きた圏域とするあらゆる身振りは、生気のないペンを自ら動くようにし、そのペンは、物質と形式の支持体である身体を表す羊皮紙の上をインクが走るのに役立つ――、それと似た行為が、創造のより高次の圏域でもより低次の圏域でも遂行される。これは、知性に長けた者は自ずと理解できることである。というのは、このことについてそれ以上を口にするのは禁じられているからである」。

アブラフィアはアリストテレスの読者であり、当時のユダヤの教養人の例に洩れず、アリストテレスをアラビア語の翻訳と注釈で読んでいた。そこでは、受動的知性の問題、また受動的知性と能動的ないし制作的知性のあいだの関係の問題が、とくに、ファラーシファ（アリストテレスの信奉者のことをイスラームではこう呼んでいた）の明敏さを要請していた。そしてまさしく、ファラーシファの君主であるアヴィケンナは、世界の創造を構想するにあたって、それを、神自身を思考する神の知性が現勢力に移行したものであると見なしていた。したがって、月圏の下に位置する圏域（アヴィケンナの考えていた流出理論の過程によれば、これは最後の天使である知性の所為であり、アリストテレスの能動的知性に他ならない）の創造もまた、自らを思考することによって数多くの被造物を存在するにまかせる思考、という範型にしたがって範例化されるより他はなかった。創造の現勢力はすべて（アヴィケンナの天使たちを女性へと変容させた十三世紀の愛の詩人たちはこのことをよくわかっていたが）知性の現勢力なのであり、また逆に、知性の現勢力のすべては創造の現勢力であり、何ものかを存在せしめるのである。しかし、まさしく『霊魂論』で、アリストテレスは潜勢力という状態にある知性を、何も書かれていない書板として表していた。そこでアヴィケンナは、中世には『自然学』第六巻として知られていた彼の霊魂論において、各種さまざまな段階の可能的知性を描き出すために、書きものという譬喩を用いた。子供は、いつの日か確実に書くことを憶えることができるだろうが、今のところは書きものについては何も知らない。そのような子供の条件に似た潜勢力がある（彼はこれを物質的な潜勢力と呼ぶ）。それから子供は、ペンとインクになじみはじめ、はじめのいくつかの文字をどうにかなぞることができるようになる。そのような子供の条件に似た潜勢力がある（彼はこれを、容易な潜勢力ないし可能的な潜勢力と呼ぶ）。そして最後に、完成された潜勢力、ないしは完全な潜勢力がある。これは、書く術を完壁に操る筆生《スクリプトル》が書かずにいるときの潜勢力《ポテンティア》である(8)。これに続くアラビアの伝統において、創造が書くという現勢力と同一視されたのはこのためであり、受動的知性に光を当ててこれを現勢力へと移行させる能動的知性ないし制作的知性が〈ペン《カラーム》〉という名の天使と同一視されたのもそのためである。

したがって、アンダルシアの偉大なスーフィーであるイブン－アラビーが、『メッカ啓示』という、死ぬまで手がけていた作品の構想を聖都で練り、その第二章を「文字の学 ilm al-hurūf」に捧げることを決心したのは偶然ではない。この学は、母音と子音のなす階層的諸段階と、それが神的な名とどのように照応するのかを扱うものであるが、この学はじつのところ、認識の過程において表現できないものから表現できるものへの移行がどのようにおこなわれるかをしるしづけ、創造の過程において潜勢力から現勢力への移行がどのようにおこなわれるかをしるしづけるものである。スコラ学者たちにとっては単にいわく言いがたいものであった実存や純粋存在が、イブン－アラビーによって「汝がその意味であるところの文字」として定義づけられ、創造が潜勢力から現勢力に移行するところが運筆《ドゥクトゥス》として表記的に表される。この運筆《ドゥクトゥス》は、アリフ・ラーム・ミームという三文字を一つの身振りに編み合わせたものである。

الم

この綴りの最初の部分をなす文字アリフは、

ا

潜勢力という状態にある存在が属性へと下降することを意味している。第二の文字ラームは、

ل

属性が現勢力へと拡張されることを意味している。そして第三の文字ミームは、

م

現勢力が表明へと下降することを意味している。

書くことと創造の過程との同一視はここでは絶対的である。書かない筆生（バートルビーはその最終的な形象、衰弱しきった形象だ）は完全な潜勢力であり、これを創造の現勢力から分離するのは今や、無だけである。

一・四

筆生の手を動かして、書くという現勢力へと手を移行させるのは誰なのか？　可能的なものから現実的なものへの移行はどのような法にしたがっておこなわれるのか？　可能性や潜勢力といったものが何かあるとするなら、その内にせよ外にせよ、どのようなものがこれを存在へと置くのか？　イスラームにおいて、ムタカッリムーンと呼ばれるスンニ派の神学者たちとファラーシファたちのあいだに分裂が起こったのはこのような問いをめぐってである。ファラーシファはアリストテレスのいう書板を凝視したまま、創造の現勢力という状態にあって、神の精神や職人の精神において可能的なものがどのような原則にしたがって現実化したりしなかったりするのかを探究していたが、これに対して正統スンニ派の支配的潮流を代表するアシュアリー派は、原因、法則、原則といった概念自体を破壊し、のみならず、可能的なものと必然的なものに関するあらゆる言説を無根拠なものと見なし、それによってファラーシファの探究の土台自体を骨抜きにする。じつのところ、アシュアリー派は、創造の現勢力を、いくつもの奇蹟的な偶発事を間断なく即時的に生産することとして構想している。その偶発事はいずれも、他に対して作用する能力をまったくもたず、したがって、いかなる法則をも、いかなる因果的関連をも免れているとされる。染物職人が純白の布地をインディゴの染色槽に浸《ひた》すとき、鍛冶職人が刃を火に通すとき、布地に浸透して着色するのは染料ではなく、金属に伝わり白熱させるのは熱ではない。むしろ、神自身が習慣的な一致を打ちたてるのである。ただし、この一致はそれ自体としては純粋に奇蹟的なものである。この一致によって、布がインディゴに浸される瞬間に黒っぽい色が産み出され、金属が火に通されるたびに白熱した状態が産み出される。「というわけで、筆生がペンを動かすとき、ペンを動かしているのは筆生ではない。この動きは、神が手のうちに創造する偶発事でしかない。神は、手の動きがペンの動きと一致するということを、また、ペンの動きが書きものが生み出されるのと一致するということを、慣習的なものとして打ちたてた。そのとき、この過程において手が何らかの因果的影響力をもつということはない。というのは、偶発事が別の偶発事に対して作用するということはありえないからである〔……〕。したがって、ペンの動きのために、神は四つの偶発事を創造する。その四つの偶発事はどれも、他の偶発事の原因であるということは絶対になく、四つが単に共存している。第一の偶発事は、ペンを動かそうという私の意志である。第二は、私自身が、自分を動かすことができるという潜勢力である。第三は、手の動き自体である。最後に第四は、ペンの動きである。というわけで、人間が何かを欲し、それを為すとき、そのことが意味するのは、彼に対してまず意志が創造され、動く能力が創造され、そして最後に行動自体が創造される、ということである」。

ここで問題になっているのは、単に哲学者たちの構想と異なる創造の現勢力の構想ではない。神学者たちが欲しているのは、アリストテレスの書板を決然と割ってしまうこと、世界から可能性の経験をすべて抹消してしまうことである。しかし、潜勢力の問題は、人間の圏域から削除されると神の圏域へと移行する。そのため、ガザーリーは、バグダッドのマドラサの輝かしい教授であったときは、『哲学者たちの自己矛盾』と題する本でアシュアリー派の立場を断固として支持していたが、後に、イェルサレムの岩のモスクやダマスのミナレットを彷徨するうちに、筆生の譬喩と新たに渡りあうことになった。彼は『宗教学の再生』において、神の潜勢力に関する隠喩譚をものした。それは次のように始まっている。「神の光に照らされて啓発された者が、黒いインクで線を引かれた一枚の紙片に目をやり、これに訊ねる。「おまえは、さっきは目も眩むほどの白さだったのに、どうして黒いしるしで覆われたのか？　なぜおまえの顔面は黒ずんだのか？」」紙は、自分にそう言うのは不当だ、自分の顔を黒くしたのは自分ではないのだから。インクに聞いてくれ。インク壺から理由もなく出てきて、自分の上に拡がったのはあいつなのだから、と応える。そこで男は、説明を得るためにインクに話しかけるが、インクはペンに聞けと応える。自分を静かな住処から引き離し、紙片の上に流謫させたのはあいつだ、というのだ。次いで質問されたペンは、手に聞いてくれと応える。自分を削り、残酷にも先端を二つに割り、インクに浸したのは手ではないか、というのだ。手はというと、自分は惨めな骨肉にすぎないと言い、自分を動かした〈潜勢力〉に話しかけてはどうかと男に言う。〈潜勢力〉は〈意志〉に聞けと言い、〈意志〉は〈学〉に訊ねろと言い、啓発された者はついに、〈神の潜勢力〉の不可入な分厚い幕の前にたどりつく。そこから、怖ろしい声が叫ぶ。「神に、神の為すことについて説明を求めてはならない。その説明はおまえに求めよう」。

　したがって、イスラームの宿命論（ナチスの収容所《ラーガー》の住人のなかでも最も暗い形象である「ムスリム」の名はここに由来する）の根は、あきらめの態度にあるのではなく、その反対に、神の奇蹟が絶え間なく働きかけているということに対する明快な信仰にある。しかし、可能性という範疇がいずれにせよムタカッリムーンたちの世界から（そしてキリスト教神学者において彼らに相当する者たちの世界から）抹消されたことは確かであり、人間の潜勢力のすべてが基礎を奪われたというのも確かである。あるのは今や、神のペンの為す説明不可能な動きだけであり、その予兆を許すものや、書板の上でそれを待っているものなど、何もない。世界のこの絶対的な脱様相化に抗して、ファラーシファたちはアリストテレスの遺産に対する忠実さを守り続ける。じつのところ、哲学とは、その最深の意図においては、潜勢力の堅固な要求であり、可能的なもの自体を経験することの構築なのである。思考ではなく、思考することができるという潜勢力。書きものではなく、白い紙。これこそ、哲学がいかなる代価を払っても忘れようとしないものである。

一・五

だが、潜勢力こそまさしく、最も思考するのが困難なものである。というのも、潜勢力がつねに、何かを為したり何かであったりすることができるという潜勢力でしかないなら、我々は潜勢力自体を経験することはけっしてできないことになるからだ。メガラの徒のテーゼによれば、そのような潜勢力は、それを現実のものとする現勢力という状態においてのみ存在するということになる。潜勢力自体の経験は、潜勢力がつねに（何かを為したり思考したりし）ないことができるという潜勢力でもあるのでなければ、つまり書板が書かれないことができるのでなければ、可能ではない。だが、まさしくここですべてが複雑になる。じつのところ、思考しないことができるという潜勢力を思考するとは、どのようにすれば可能なのか？　思考しないことができるという潜勢力にとって、現勢力へと移行するということは何を意味するのか？　思考の本性が潜勢力という状態にあることだとすれば、思考は何を思考することになるのか？

『形而上学』第九巻の神の精神を扱っている一節で、アリストテレスはこうしたアポリアに直面している。

思考《ヌース》の問題はいくつかのアポリアを含んでいる。思考は、数ある現象のうちでも最も神的なものと思われるが、そのありかたは問題を孕んでいる。じつのところ、思考が何も思考しないのなら［つまり、思考が、思考しないことができる、潜勢力という状態にとどまるなら」、何を崇敬するに足るだろうか？　それなら、思考は眠る人のようなものだ。その反対に、思考が何かを現勢力という状態において思考するなら、思考の存在が現勢力という状態にある思考ではなく潜勢力である以上、思考は現勢力に従属してしまうことになる。思考は最も高貴な実在ではないことになる。というのは、思考が卓越しているのは、現勢力という状態にある思考ゆえということになってしまうから「つまり、潜勢力であるという思考固有の本質ではない他のものによって思考が規定されてしまうから」である。それに、思考の潜勢力が、潜勢力という状態にある思考であるにせよ、現勢力という状態にある思考活動《ノエーシス》であるにせよ、思考は何を思考するのか？　思考それ自体をか、さもなければ何か他のものをである。もし、思考が何か他のものを思考するのなら、思考はつねに同じものを思考するか、さもなければ、別のものを思考するかである。しかし、善を思考することと、任意の対象を思考することとのあいだに何も差異がないというのか？「……」したがって、思考が最も神的で最も崇敬に値するものを、変わることなく思考するだろうことは明らかである「……」。他方、思考が、現勢力という状態にある思考ではなく、思考することができるという潜勢力であるとすると、連続して思考するのは思考にとって疲れることだというのが論理的だろう。それに、この場合、思考より上位の何ものかがあることになるのは明らかである。それはつまり、思考されるもの、である。じつのところ、思考するということと、現勢力という状態にある思考とは、ともに、最も下劣なものを思考する者に属するものでさえある。それが避けられるべきだとすれば(じつのところ、見ないほうがよいものは存在する)、現勢力という状態にある思考は最も善いものではありえないということになる。したがって、思考は、最も卓越したものである以上、思考それ自体を思考する。思考は思考の思考である。(9)

ここでのアポリアは、最高の思考というものは、何も思考しないことも何かを思考することもできず、潜勢力にとどまることも現勢力へと移行することもできず、書くことも書かないこともできない、ということである。アリストテレスはまさにこのアポリアから逃れるために、思考自体を思考する思考に関するこの名高いテーゼを言表するのであり、それは一種の、何も思考しないことと何かを思考することのあいだ、潜勢力と現勢力のあいだの中間点である。思考自体を思考する思考は何かの対象を思考するのでも、何も思考しないのでもない。思考は純粋な潜勢力（思考することも思考しないこともできるという潜勢力）を思考するのだ。自らの潜勢力を思考するものは、最高度に神的で幸福である。

　だがこのアポリアは、解かれるか解かれないかのうちに、またもつれてしまう。じつのところ、思考することができるという潜勢力にとって、それ自体を思考するということは何を意味するのか？　純粋な潜勢力はどのようにして現勢力において自らを思考するのか？　何も書かれていない書板はどのようにして書板自体に向かい、自らを刻印することができるのか？

　『霊魂論』への注解において、白紙《タブラ・ラサ》の謎についての、また思考自体を思考する思考についての考察を加えているアルベルトゥス・マグヌスは、まさにこれらの問いに足を留めている。彼は、アヴェロエスと「すべてについて見解が一致している」と表明しているが、そのアヴェロエスは、潜勢力という状態にある思考に最も高い地位を割りふっていた。彼は思考を、唯一の存在であるともに、あらゆる個人に共通の存在であるとし、そうすることによってまさしく、この決定的な点をいささか性急に扱っていた。だが、知性自体は可知的であるというアリストテレスのテーゼは、特定の対象が可知的であると言われるのと同じ意味には了解されえなかった。じつのところ、潜勢力という状態にある知性は特定のものではない。潜勢力という状態にある知性とは、何かが了解されるにあたっての志向《インテンティオ》のことに他ならず、それは純粋な認識可能性、純粋な受容可能性 pura receptibilitas のことに他ならない。それは、認識される対象のほうではない。メタ言語が不可能であるとするヴィトゲンシュタインのテーゼを先取りして、アルベルトゥスは、特定の認識可能性が認識可能性自体を了解すると言うことが意味するのは、認識可能性を物化するとか、これをメタ知性と対象としての知性とに分割するとかいうことではない、ということをはっきり見てとっている。思考の書きものは、外部の手が動かして蠟の層に刻みを入れるペンの書きものではない。むしろ、思考の潜勢力が思考の潜勢力自体へと向かうところ、純粋な受容性がいわばそれ自体に固有の非感覚を感覚するところで、「まるで文字がひとりでに書板の上に自らを書くかのようである」[10]とアルベルトゥスは書いている。

一・六

言い古されたことだが、三大一神教は等しく、世界の創造を無から説き起こしている。そこでキリスト教の神学者たちは、無からの制作 operari ex nihilo である創造を、職人の現勢力に対立させている。職人の現勢力のほうはつねに、物質から作ること facere de materia だとされる。ラビたちとムタカッリムーンたちのあいだでおこなわれた、ある憶見に抗する論争も、これに劣らず決定的である。哲学者たちによるものとされているその憶見によれば、神が世界を無から創造したというのは不可能なことだという。というのは、無からは無が作られる nihil ex nihil fit からである。いずれの場合も本質的なのは、物質といったような何ものか（つまり潜勢力という状態にあるもの）が神に先行して存在することができるというただ一つの考えが論駁の対象となっているところである。しかし、「無から創造する」とは何を意味するのか？　この問題をさらに近くから見ると、すべてが複雑になり、無が何かに似はじめる。その何かは非常に特殊なものではあるが。

マイモニデスは、『迷える者たちの導き』では無からの創造を説くと表明しているが、彼は「ピルケ・ラビ・エリエゼル」の名で知られる権威あるミドラシュの一節を目にしていた。このミドラシュは「神学者と学者の信仰を大いに動揺させる」ものである。というのは、そこには世界の創造のもととなった物質のことを考えさせずにはおかない何かが描かれているからである。ミドラシュには次のように読まれる。「天は何から創造されたのか？　神は自分の衣服の光を取り、これを敷布のように拡げた。そこから天が拡がった。それは、「彼は服に包まれるように光に身を包み、天を絨毯のように拡げる」と書かれているとおりである」。また、クルアーンの詩句によると、神は「我々はおまえが何でもない（おまえが何でもないものである）ときにおまえを創造した」と言って被造物に声を掛けたとされるが、スーフィーたちによれば、この詩句は、神が創造の現勢力という状態において「在れ！」と言って呼びかけることができた以上、この何でもないものが純粋な無ではなかったということを証していた。

事実はこうである。ユダヤ、アラブ、キリスト教の神学者たちが、無からの創造という考えを定式化したとき、新プラトン主義がすでに、それと同じ最高の原則を、すべてが生じるもととなる無として構想するに至っていた、ということである。神学者たちが、いわば上から存在を乗り越える無と、下へと存在を乗り越える無という、二つの無を区別するように、新プラトン主義者たちは二つの物質を区別した。一方は非身体的物質であり、他方は身体的物質である。後者は、可知的な存在すべての、暗い永遠の基底である。カバラー学者たちと神秘家たちはこのテーゼを極端まで推し進め、彼らにおなじみの過激《ラディカル》さをもって、あいだを飛ばして、創造が生じるもととなる無とは神自体である、と断言した。神的な存在（さらには超存在）とは存在者の無であり、神が世界を創造することができたのはもっぱら、神がこの無へといわば自ら降りるにまかせたことによる。ヨハンネス・エリウゲナは『自然について』において、「創世記」の詩句「大地は形なく空虚であり、闇が深淵の面にあった(11)」に注釈を加え、これを、神の精神のうちで永遠に創出される全存在の第一理念ないし第一原因へと差し向ける。「神が世界を創造するのはもっぱら、この闇、この深淵に降りていくことによってであり、それによって神は同時に神自身をも創造する」[12]、というのだ。

じつは、ここで問題になっているのは、可能性ないし潜勢力が神のうちに存在するかという問題である。アリストテレスによれば、何かをすることができるという潜勢力はすべて、それをしないことができるという潜勢力でもある。そのため神学者たちは、神は全能であると断言しているにもかかわらず、それと同時に、神に対して、存在することができるという潜勢力、欲することができるという潜勢力を否定せざるをえなかった。じつのところ、存在することができるという潜勢力が神にあるとすると、存在しないことができるという潜勢力もあることになり、それでは神の永遠性と矛盾する。また、神が、自らの欲するものを欲しないこともできるとすると、彼は非存在や悪を欲することができることになり、それは、ニヒリズムの原則を神に導入することに等しい。神が潜在的には自らのうちに無限定の潜勢力をもっているとしても、神は神自身の意志に繋がれており、自分の欲したこと以外のことを為すことも欲することもできない――と神学者たちは結論する。神の意志は、神の存在と同様、いわば、絶対的なしかたで潜勢力を欠いているのだ。

神秘家やカバラー学者が創造に先立つものとして前提しているのがまさに、それとは反対の、闇の物質である神的な潜勢力である。創造の現勢力は神が深淵に降りていくことであり、その深淵とは、神自身の潜勢力と非の潜勢力のあいだ、神の為す可能力と為さない可能力のあいだに開けた深淵に他ならない。さらには、一二一〇年に教義が異端宣告を受けたディナンのダヴィドの過激《ラディカル》な定式化によれば、神と思考と物質は、一つの同じものであり、差異のないこの深淵こそが世界が生じるもととなる無であり、世界はこの深淵を永遠に支えとする、という。ここでの「深淵」は隠喩ではない。ベーメがあいだを飛ばして断言することになるとおり、深淵とは、神にあっては、闇の生そのものであり、地獄の神的な根であり、そこにおいて無が永遠に自らを創出する。我々がこの底なし地獄《タルタロス》に降りていき、我々の非の潜勢力を経験することができてはじめて、我々は創造できる者、詩人になる。そして、この経験においては、多くの者が囚われたままになっている無や無の闇が、最も困難なのではない――最も困難なのは、この無を無化して、無から、何かを存在させることができるということである。イブン＝アラビーは『メッカ啓示』の冒頭に、「無から事物を存在させ、無を無化した神は、讃えられる」と書いている。

二　定式　潜勢力について

二・一

筆生バートルビーが属しているのは、前述した哲学的星座である。書くことをやめた筆生である彼は、あらゆる創造が生じるもととなる無をかたどる極端な形象であり、また、純粋かつ絶対的な潜勢力であるこの無を最も苛烈に要求するものでもある。この筆生は書板になったのであり、彼は今や、自分自身の白紙に他ならない。したがって、可能性の深淵のなかに彼がこれほど執拗にとどまり、そこから抜け出そうという意図をいささかももっていないように見えるのも、驚くにはあたらない。我々の倫理の伝統は潜勢力の問題を、しばしば意志や必然性といった用語に還元することで避けて通ってきた。我々の伝統的な倫理における支配的な主題は、人ができることではなく、人が欲すること、人がしなければならないことである。このことは、法律家がバートルビーに絶えず喚起しているとおりである。郵便局に行ってきてほしいという頼み（「郵便局までちょっと行ってきてくれるね？」）に対して、バートルビーはいつもの「しないほうがいいのですが」で応える。法律家はこれを「したくないのか？ You *will* not?」と性急に翻訳するが、バートルビーは「おとなしくも堅固な」声で「しないほうがいいのです I *prefer* not」とはっきり述べる（この「しないほうがいいのです」が、いつもの定式「しないほうがいいのですが I would prefer not to」のただ一つの変型であり、これは三回現れる。彼が条件法的表現をあきらめるのは、ただ、「欲する」という動詞の一切の痕跡を、叙法的《モーダル》な使用にいたるまで抹消しようとするからである）。法律家が、この筆生を彼なりに真摯に理解しようと努めるとき、彼が読みふける本は、彼が用いようとする諸範疇についての疑念をまったく残さない。それは、ジョナサン・エドワーズの『意志について〔意志の自由という一般的観念に関する入念かつ厳密な検討〕』とジョゼフ・プリーストリの『必然性について〔哲学上の必然性に関する教説〕』である。しかし、潜勢力は意志ではないし、非の潜勢力は必然性ではない。これらの読書が彼にもたらす「健康になるような感じ」にもかかわらず、これらの範疇はバートルビーを理解する役にはまったく立たないままだ。意志が潜勢力の上に権力を及ぼしていると信じること、現勢力に移行することが潜勢力（つねに、為すことも為さないこともできるという潜勢力）のもつ両義性を終わらせる決定の結果であると信じること――このようなことこそまさに、道徳が絶えることなく抱いている幻想である。

　中世の神学者たちは、神のうちに二つの潜勢力を区別していた。一方は絶対的《ポテンティア・》潜勢力《アブソルタ》 potentia absoluta であり、これによれば、神はどのようなことでも為すことができる（神はこれによって悪を為すこともでき、世界が存在しなかったことにもでき、娘に失われた処女性を回復してやることもできる、とする神学者もいる）。他方は、秩序づけられた潜勢力《ポテンティア・オルディナタ》 potentia ordinata であり、これによると、神は自分の意志に合致することしか為すことができない。意志は、潜勢力の無差別な混沌に秩序を設けることを可能にする原則である。したがって、神が嘘をついたり、偽証したり、〈息子〉にではなく女や動物に化体したりすることもできたということが真であるとしても、彼はそうすることを欲しなかったし、欲することができなかった。意志のない潜勢力は、まったく実効性のないものであり、けっして現勢力へと移行することができない。

バートルビーはまさに、潜勢力に対して意志のもつこの優位をあらためて問いに付している。神は（少なくとも、秩序づけられた潜勢力《ポテンティア・オルディナタ》によっては）自らの欲することしか本当に為すことができないが、バートルビーは、ただ意志なしでいることができる。彼は、絶対的潜勢力《ポテンティア・アブソルタ》によってのみ可能である。しかし、だからといって、彼の潜勢力が実効性をもたないというのでもないし、意志がないからといって現実のものにならずにとどまっているというのでもない。その反対に、彼の潜勢力はいたるところで意志を超え出ている（自分の意志をも、他の者たちの意志をも超え出ている）。カール・ファレンティンの「それを欲するということ、このことを私は欲していた。だが私はそれができるという感じがしなかった」という冗談を転倒して、バートルビーについては、何かを絶対的に欲するということのないままに為すことができること（そしてまた、為さないことができること）に成功した、と言うことができるかもしれない。彼の「しないほうがいいのですが」という言葉のもつ還元不可能な性格はここに由来する。それは、筆写することを欲していない、ということでも、事務所を離れないことを欲している、ということでもない——単に彼は、それをしないほうがいいのである。これほど頑固に反復される定式は、できることと欲すること、絶対的潜勢力《ポテンティア・アブソルタ》と秩序づけられた潜勢力《ポテンティア・オルディナタ》のあいだの関係を構築する可能性すべてを破壊してしまう。この定式は、潜勢力の定式である。

二・二

ジル・ドゥルーズは、言語学者たちによって非文法的と定義されているカミングズの「彼は彼のをしたを踊った He danced his did」や「私にはそれが一つ、充分でないのがある j'en ai un de pas assez」といった表現にこの定式を近づけ、また、その秘かな非文法性にその荒廃力を帰することで、その特殊な性格を分析した。「この定式は語と事物のあいだ、語と行動のあいだを「断絶」するが、〔この定式を発語するという〕行為と語のあいだをも「断絶」する。この定式は、言語活動をあらゆる参照先から切り離す。このことは、バートルビーの絶対的な天命に適っている。その天命は、参照先のない人間である、自分をも、他のものをも参照先とすることなく現れては消える者である、というものである」。ジャヴォルスキは、この定式が肯定的でも否定的でもなく、バートルビーは「引き受けることも拒否することもせず、彼は進むまさにその瞬間に身を退く」と指摘した。あるいはまた、ドゥルーズの示唆するとおり、この定式は然りと否のあいだ、好ましいものと好まれないもののあいだに不分明地帯を開く、とも指摘した。その地帯はまた、ここでの我々の観点からすると、何かである（何かを為す）ことができるという潜勢力と、何かでない（何かを為さない）ことができるという潜勢力とのあいだの不分明地帯だとも言える。それはまるで、前方照応（既述の事柄を参照すること）という性格をもち、この定式を締めくくっている「to」が、現実の一切片を直接には参照せず、それが自らの意味を唯一抽き出すことのできる先行する用語を参照するがゆえに、反対に自己絶対化して、一切の参照を失うまでになり、いわば、文自体に向きなおっているかのようである。自らへと戻り、現実の対象にも、前方照応の対象となる用語にももはや向かうことのない、絶対的な前方照応だ（「……

しないほうがいいのをしないほうがいいのですが I would prefer not to prefer not to...」）。

　この定式は何に由来するのか？　この定式に先行するかもしれないものとして、ホーソーン宛の手紙の一節が引用されてきた。そこでメルヴィルは、然りに抗して否の礼賛をおこなっている（「それは、然りと言う人は皆、嘘をついているからです。そして、否と言う人は皆――そう、彼らは皆、ヨーロッパの賢明で身軽な旅行者という幸福な条件下にある。彼らは境界を越えて〈永遠〉へと向かいますが、そのとき携えているのは旅行鞄が一つきり――その鞄とはつまり、〈自我〉のことです」）[13]。これほど的外れな言及もないだろう。バートルビーは同意はしないが、単純に拒否するわけでもない。否定のもつ英雄的なパトスほど彼から遠いものもない。西洋文化の全歴史において、肯定と否定、受諾と拒絶、贈与と取得のあいだでこれほど決定的に平衡状態を保っている定式は一つしかない。筆生の繰り言と形態上も意味上も似ているその定式は、なかでも、十九世紀の教養人であれば誰でも親しんでいたあるテクストに記録されている。それはディオゲネス・ラエルティオスの『ギリシア哲学者列伝』である。問題となるのは「より以上ではない《ウー・マロン》 ou mallon」という、懐疑論者たちが彼らに特有のパトスである宙吊り《エポケー》を表現するにあたって用いた術語である。

　ディオゲネスはピュロンの生についての一節に次のように書いている。「懐疑論者たちはこの表現を肯定的 thetikós にも否定的 anairetikós にも用いない。[14] たとえば、何らかの議論を反駁するにあたって「スキュラが存在するのはキマイラが存在するより以上ではない《ウー・マロン》〔スキュラが存在しないのはキマイラが存在しないのと同じ〕」[15] と言うときがそうである」。だが、この用語は純然たる比較を指し示すものとして用いられているのでもない。「じつのところ、懐疑論者たちは、この「より以上ではない」自体をも取り除く。摂理が存在するのが存在しないより以上ではないように、「より以上ではない」が存在するのも存在しないより以上ではない」。セクストス・エンペイリコスもまた、この「より以上ではない《ウー・マロン》」のもつ自己言及的な特有の立場を頑固に主張している。「「あらゆる言説は偽である」という命題が言っているのは、他の命題と同様、その命題もまた偽であるということである。それと同様に、「より以上ではない」という定式が言っているのは、その定式が存在するのは存在しないより以上ではないということである〔……〕」。この表現が肯定として提示されても否定として提示されても、我々はその表現を肯定や否定といった意味で用いるのではない。我々はその表現を、無差別的な adiaphorōs しかたで、いわば濫用的な katachrēstikōs しかたで用いる」。筆生が自分の執拗な定式を用いるしかたを、これほどはっきりと特徴づけることはできないだろう。しかし、この類比はまた別の方向にたどることもできる。セクストスはこの「より以上ではない《ウー・マロン》」という表現の意味について注釈した後、次のように付け加えている。「最も重要なのは、この表現を言表するとき、懐疑論者は現象を言い、臆見《ドクサ》なしにパトスを告知する《アパンゲレイン》 apangellei to pathos adoxastōs ということである」。普通はこの形で記録されてはいないが、この最後の表現（「パトスを告知する《アパンゲレイン》 pathos apangellein」）もまた懐疑論者たちの語彙に含まれる術語である。じつのところ、セクストスの『ピュロン主義哲学の概要』のまた別の一節に、この表現が、同じ意味で見いだされる。「我々が「すべてのものは理解不可能である」と言うとき、我々は、独断論者たちの探究しているものが本性上理解不可能なものだと言いたいのではない。我々は、ただパトスを告知する《アパンゲレイン》 to heautou pathos apangellontes[16] にとどめるのである」。

「通知する《アンゲレイン》 angellein」や「告知する《アパンゲレイン》 apangellein」は、使者《アンゲロス》 angellos の機能を表現する動詞である。使者は、何も付け加えずに特定のメッセージを単に運ぶ（戦争《ポレモス》を告知する《アパンゲレイン》polemon apangellein というのは宣戦するという意味である）。懐疑論者は、発語 phasis に対して失語を、言説に対して沈黙を立てるにとどまらない。懐疑論者は言語活動を、これこれに関してしかじかを述べる legein ti kata tinos という命題の域から、何について何を述べるのでもない告知の域へとずらす。言語活動は、「より以上ではない」の宙吊り《エポケー》のうちに自らを保つことで、現象の天使になり、現象のパトスの純粋な告知になる。副詞「憶見《ドクサ》なしに adoxastōs」がはっきり示しているとおり、ここでパトスが指しているのは主観的なものではまったくない。パトスはあらゆる憶見《ドクサ》、あらゆる主観的外観を離れて純粋なものとなる。パトスとは現れの純粋な告知である。それは、いかなる賓辞もない、存在の通告である。

このように見ることで、バートルビーの定式はすべての含蓄を示してくれる。この定式は、それを口にする者を使者《アンゲロス》たちの列に書き入れる。その一人に、カフカの小説に出てくるバルナバスがいる。彼については次のように言われている。「彼は一人の使者にすぎず、託された手紙の内容も知らないのだろう。しかし、自分では意識していないにしても、彼のまなざし、微笑、歩きかたが、メッセージであるように思えた」。バートルビーは使者として、「全知の神の摂理によって、私のような単なる死すべき一個の人間には計り知ることのできない何らかの神秘的な用件のために私のところに遣わされてきた」という。しかし、受容と拒絶、否定と肯定のあいだで頑固に平衡状態を保とうとし、自分の繰り返す定式が何について何を述べるのでもなく、結局のところ定式自体を取り除いてしまうとするなら、彼が我々に運んで来たメッセージとはどのようなものか？　この定式が告知しているのは何なのか？

二・三

「懐疑論者たちは、潜勢力《デュナミス》を、可感的なものと可知的なもののあいだの何らかの対立であると見なしている。語と事物の対立のうちに見いだされる等価性によって、我々は宙吊り《エポケー》に到達する。この条件下では、我々は措定することも否定することも、受容することも拒否することもできない」。セクストスによるこの特異な資料によれば、懐疑論者たちは宙吊りを、単なる無差別としてではなく、可能性ないし潜勢力の経験として考えていた。存在と非存在、可感的なものと可知的なもの、語と事物、これら二つのあいだの境界線上に姿を現すのは、色を欠いた無の深淵ではなく、可能的なものという輝く間隙なのだ。可能的であるとは、措定も否定もしないということを意味する。しかし、「存在するのが存在しないより以上ではないもの（存在するともしないとも言えないもの）」は、潜勢力といったものをどのように自らのうちに保ち続けるのか？

ライプニッツは、存在がもともともっている潜勢力を、ある原則の形で表現したことがある。その原則は通例、「充足理由律」と定義されている。それは次のように言い表される。「物事にはすべて、それが存在しないよりむしろ《ポティウス》存在する理由《ラティオ》がある」[17]。存在の極にも無の極にも導かれないかぎりにおいて、バートルビーの定式は（その原型である懐疑論者たちの定式と同様に）、この一節を句切っている「よりむしろ《ポティウス》」に強調を置くことで、「あらゆる原則のなかで最も強力な原則」をあらためて問いに付す。この定式は、充足理由律を強引に文脈から引き離し、それによって潜勢力を（「よりむしろpotius」は「力あるpotis」に由来し、「より強い」を意味する）、理《ラティオ》への接続からも、また存在への従属からも解放する。ヴォルフは、師ライプニッツが証明せずに放置したこの充足理由律を注解して、我々の理性は何かが理由なしに起こりうるということを認めるのを嫌う、と説明している。じつのところ、この原則を取り除いてしまうと、「真の世界が作り話の世界《ムンドゥス・ファブロスス》に変容してしまう。そこでは、起ることに対して、理性の代わりに人間の意志が置かれてしまう(18)」。ここで言われている「作り話の世界《ムンドゥス・ファブロスス》」とは「老婆たちが物語るあの莫迦げた作り話、我々の話し言葉では怠け者の国《シュララッフェンラント》Schlaraffenlandと呼ばれているものだ［……］。さくらんぼが欲しくなる。すると、命令するや、熟した果実のなった桜の木が現れる。さらに命令すると、果実は口に向かって飛んできて、望めば空中で半分に割れ、種子と傷んだ部分は下に落ち、それらをあらためて吐き出すにもおよばない。串焼きの鳩が空を翔びまわっていて、空腹の者の口のなかに自然にやってくる」。しかし、哲学者の精神が本当に嫌悪しているのは、事物の圏域で意志や綺想が理性の場を代わりに占めてしまうということではなく、そのようにして理性《ラティオ》が意志と潜勢力の君臨する場からも除去されるということのほうである。「もはやいかなる可能性の原則も、人間に対して外的ないかなる実効性の原則もない。のみならず、意志もまた、もはや欲するにあたっての原則を何ももたない。意志は何を欲するにも無差別的である。したがって意志は、欲望するから欲する、[19]というのでもない。じつのところ、意志が何かよりもそれ以外の何かを欲するということに、どのような理由もありはしない」。したがって、ひとたび充足理由律が取り除かれると、理性の占めていた場を人間の自由意志が代わりに占め、真の世界を作り話に変えてしまう、というのは真ではない。その正反対である。つまり、理《ラティオ》が除去されると、意志もまた、理もろともに瓦解するのだ。

バートルビーがわが家とする禁欲的な怠け者の国《シュララッフェンラント》には、あらゆる理から完全に解放された「よりむしろ」だけがある。それは好みや潜勢力といったものであって、それはもはや無に対する存在の優位を確証する役には立たず、存在と無のあいだの無差別のうちに理由もなく存在する。しかし、存在と無のあいだの無差別とは、対立しあう二つの原則が等価だということではない。それは、あらゆる理を離れて純粋なものとなった潜勢力の存在様態なのである。ライプニッツは可能的なものに対しては、いかなる自律的な「自らを存在させるための潜勢力 puissance pour se faire exister」も認めなかった。それは可能的なものの外に求められた。すなわち、必然的存在である神、「事物を存在化する」存在としての神のうちに求められた。(「したがって、なぜ存在が非存在に対して優越するかの原因がある。すなわち、必然的実在とは、存在させる存在である」[20]。) ライプニッツの充足理由律はすっかり転覆され、まったくバートルビー的な形式を引き受けることになる。「何かが存在するという理由が存在しないより以上ではないということは、無以上ではない何かが存在するということである」。デンマークの王子の警句は、存在することと存在しないことのあいだの二者択一においてあらゆる問題を解決するものだが、筆生の定式は、この警句に対して、その二項を超越する第三項を立てる。それが「むしろ」(ないしは「むしろ……ない」)である。これが、彼が固執する唯一の教訓である。法律家がある程度まで直観しえたように、バートルビーの試練は、被造物が冒しうる窮極の試練なのだ。というのは、無や非存在に固執するとはたしかに困難なことだからだ。しかし、この招かれざる客のおこなうニヒリズムという固有の経験に、我々は今やなじんでしまっている。そして、存在や存在の必然的な実定性にのみ固執するのもまた、困難なことである。しかし、それこそまさに西洋の存在‐神‐学の複雑な儀礼の意味ではないか？　そして、その存在‐神‐学の道徳は、自分の追い払いたいと思っている客人と、秘かに結びついているのではないか？　純粋な潜勢力という状態にあって、存在と無との彼方で、「より以上ではない」をもちこたえることができるということ、存在と無の両方を超出する非の潜勢力という可能性のうちに最後まで留まるということ――これがバートルビーの試練である。彼の事務机を孤立させている緑色の仕切りは、ある実験室の外周を仕切っている。それは、ニーチェから遡ること三十年、そしてニーチェとはまったく違う意味で、潜勢力が充足理由律から身を引き離して存在からも非存在からも自らを解放し、潜勢力の固有の存在論を創造する、そのような実験を潜勢力が準備する実験室なのである。

三　実験　脱創造について

三・一

ロベルト・ヴァルザーについて、ヴァルター・リュッシは「真理のない実験」という概念を発明した。すなわち、真理とのあらゆる関係がなくなっていることを特徴とする実験である。ヴァルザーの詩は「純粋な詩 reine Dichtung」である。「それは、これこれがしかじかであるということを認めることを、最も広い意味で拒否している」からである。この概念を、文学的実験という範疇へと拡大しなければならない。というのは、実験は科学において準備されるだけではなく、詩や思考においても準備されるからだ。科学実験では仮説は単に真偽に関わるものだが、詩や思考における実験では、何かが真となるかならないかだけが問題となるのではない。それは、存在自体を、その存在の真偽の手前ないし向こう側で、問いに付すものだ。それは真理のない実験である。というのは、そこにおいて問題になるのは当の真理だからだ。

アヴィケンナが「飛翔する人間」の実験を提案して、一人の人間の四肢を想像において解体し、器官ごとにばらばらにして、その人間がそのように砕かれ宙吊りにされてもなお「私は存在する」と言いうるということを証明し、また純粋な存在者とは四肢も器官ももはやもたない身体の経験のことだということを証明するとき、また、カヴァルカンティが詩的経験を叙述するにあたって、それを、生きた身体が機械的な自動人形に変容することであるとするとき（「私は生の外にいる者のように行く／その者は、彼を見る人には／技巧によって動くようにされた／枝か岩か木材で作られたものに見える」）[21]、また、コンディヤックが代理石像に嗅覚を与え、「それは薔薇の香りに他ならない」とするとき、また、ダンテが詩人の自我を、愛の口述を筆写する筆生としてのみ働く類的な同音異義語である三人称へと脱主観化するとき（「私は一人の者だ I' mi son *un*」）、また、ランボーが「私とは他者である」と言うとき、また、クライストが、操り人形の完全な身体を絶対的なものの範例として喚起するとき、そしてまたハイデガーが、心身を備えた自我の代わりに空虚で非本質的な存在、一個の存在様態でしかなく不可能なもののうちにのみ可能性をもつ存在を置くとき、いずれの場合も、彼らが我々を誘っている「真理のない実験」をそのつど真面目に取らなければならない。じつのところ、そこへと冒険をする者は、自分自身の言表が真理であることを危険にさらすというより、自らの実存様態自体を危険にさらすのであり、彼は、自分の主観的な歴史の領域において、人類学上の変異を遂げる。その変異は彼にとっては決定的なものであり、かつての霊長類にとっての直立による手の解放や、爬虫類にとっての前肢の変容による鳥類への変容に比することができる。

メルヴィルがバートルビーに託しているのはこの種の実験である。科学実験の目指すところが「何かが真となったりならなかったりするのはどのような条件によるのか、その真偽はどのような条件によって決まるのか?」という問いによって定義づけられるとすると、ここでの実験の目指すところはむしろ、次のような問いに対応する。「何かが真となりえ、かつ(つまり同時に)真とならずにありえるのはどのような条件によるのか、何かが真であるのが真でないより以上ではないのはどのような条件においてなのか?」バートルビーの「しないほうがいいのですが」がそのすべての意味を（ないしは無意味を、と言ってもいい）獲得するのは、真理との、もしくは事柄の実在や非実在とのあらゆる関係をこのように断ち切った経験の内部においてである。この定式は否応なくヴィトゲンシュタインの命題を思い起こさせる。ヴィトゲンシュタインは倫理についての講演で、自分にとってまさしく倫理的経験であるところのものを次のように表現している。「私は、空がどのようであれ空に驚く」。あるいは、「私は何が起ころうとも安全である」。つねに真であるがゆえに真理の諸条件に左右されない命題の経験であるトートロジーの経験（「空は青いか、さもなければ青くないかである」）に対応するのは、バートルビーにおいては、何かが真であると同時に真でないことができるという経験である。この筆生の定式の真偽を問おうと考える人は誰もいないが、それは、真理のない実験が、何かが現勢力という状態にあるとか現勢力には及ばないとかいうことには関係せず、もっぱら、それが潜勢力という状態にあるということにのみ関係しているからである。そして、潜勢力とは、存在することもしないこともできるということであるかぎり、定義上、真理の諸条件をまぬがれ、何よりもまず、「あらゆる原則のなかで最も強力な原則」である矛盾律の作用をまぬがれる。

存在することができるとともに存在しないことができる存在は、第一哲学においては、偶然的なもの、と呼ばれる。バートルビーが冒す実験は、絶対的偶然性 contingentia absoluta の実験である。

三・二

『自然法の諸要素』においてライプニッツは様相の諸形象を次の図式にまとめている。

可能的なもの	とは存在（ないし真として存在）	することができる	何かである[22]
不可能なもの		することができない	
必然的なもの		しないことができない	
偶然的なもの		しないことができる	

第四の形象である、存在することもしないこともできるという偶然的なものは、必然的なものに対立していることから、人間の自由の空間と一致するが、これが幾多の困難を生んできた。じつのところ、もし存在が、存在しないことができるという潜勢力をいかなるときにも限りなく保存するなら、過去自体が何らかのしかたで撤回されうることになるし、可能的なものは何一つとして現勢力という状態に移行することも可能的なものに留まっていることもできないことになる。そこで、伝統的には、偶然性のアポリアは二つの原則によって緩和されている。一つは、過去の撤回不可能性の原則（ないし、過去における潜勢力の実現不可能性の原則）とでも定義できるものであり、アリストテレスはこれを悲劇詩人アガトンの口に託している。「過去に関しては意志はない。トロイアが陥落したことを欲するものが誰もいないのはそのためである。というのも、誰も、かつてあったことについては決定せず、これからあるだろうこと、可能なことについてのみ決定するからである。じつのところ、かつてあったことは、なかったことにはできない。だから、アガトンが「神は、かつておこなわれたことを存在しないようにするというただ一つのことはできない」と言うのはもっともである」[23]。この原則を、ローマ人は「おこなわれたことはおこなわれなかったことにはできない」[24]という定式で表現し、これをアリストテレスは『天体論』において、過去の潜勢力の実現不可能性という表現であらためて明言している。「かつてあったことにはいかなる潜勢力もない。あること、およびなることにのみ潜勢力はある」。

　第二の原則は、この第一の原則に密接に結びついたものである。それは条件的必然性の原則である。この原則が、現勢力という状態にある存在に対する偶然性の力を制限する。アリストテレスはこれを次のように表現している。「存在するものは、存在するときには、存在するのが必然的であり、存在しないものは、存在しないときには、存在しないのが必然的である」[25]。ヴォルフはこれを「何であれ、存在するときは存在するのが必然的である」[26]という定式にまとめている。彼はこの原則を「哲学における最も当然の規準 canon tritissimus in philosophia」と定義づけ、この原則を基礎づけるものを正当にも矛盾律（「Aが存在し、同時に存在しないということは不可能である」）

であるとしている。しかしながら、この第二の原則の狭量な論理は、潜勢力に対してはまったく確実ではない。アリストテレス自身、この論理を幾度も打ち消しているように思われる。彼は『形而上学』に次のように書いている。「あらゆる潜勢力は、同時にhama反対物にとっての潜勢力でもある」。そして彼は付け加えて、「歩行する者は歩行しないことができるという潜勢力をもち、歩行しない者は歩行することができるという潜勢力をもつ」(27)ということを留保なしに肯定している。

事実はこうである。後にドゥンス・スコトゥスが明らかにするとおり、現勢力という状態においては対立しあう二つの現実（PであることとPでないこと）のあいだに矛盾があるとしても、何かが現勢力という状態にあり、だが同時にそれが存在しなかったり他のしかたで存在したりすることができるという潜勢力を保存しているということを妨げるものは何もない、ということだ。スコトゥスは書いている。「私が偶然的なものというのは、必然的でも永遠的でもないもの、それが起こるまさにそのときに反対物が起こりえたもののことである」。私は、何らかのしかたで振る舞うことができ、それと同時に、それとは別のしかたで振る舞う（あるいはまったく振る舞わない）ことができる。スコトゥスは、意志は決定であるというより、為すことができるということと為さないことができるということ、為すことを欲するということと為さないことを欲するということ、これら二つのあいだの構成的かつ還元不可能な共属関係を経験することである、と言ってもいる。人間の自由の唯一可能な意味を彼が託した簡潔な定式によれば、「欲する者は、欲しないことができるという経験をする」(28)となる。意志は（肯定的な両義性をもっているという点についても、フロイトのいう無意識に似て）まさしく、矛盾律を免れている唯一の圏域なのである。「意志だけが、互いに反対物であるものに対して無差別的である」(29)。というのは、「意志は、意志することができるということのうちに、同一の対象に対して、それを欲することと欲しないことという、互いに反対物であるものをともにもっている」からである。スコトゥスは、このテーゼから抽き出される諸帰結を前にしてもひるむことなく、あらゆる意志のもつ偶然的な性格を、神の意志自体に、また神の創造の現勢力にまで拡張する。「意志という同一の現勢力において、神は互いに反対物であるものを欲する。神はそれらがともに存在することを欲するわけではない。それは不可能なことだ。そうではなく、神はそれらを、ともに欲するのである。それと同様に、互いに反対物であるものがともに存在することはないが、ただ一つの行為である同一の認識行為においてともに認識される、ということを神が知るのは、同一の直観によって、ないし同一の知によってである」。

そして、偶然性を疑う者たちに対してスコトゥスは、残忍な皮肉で、すでにアヴィケンナが示唆したことのある実験を提案している。「偶然性を否定する者は、自分が拷問にかけられていないこともできたということを認めるまで拷問にかけられなければならないだろう」。

三・三

偶然性はまた別の異議によっても脅かされる。その異議によれば、未来の特定の出来事が必然的に真となるかさもなければ真とならないかであるということが、その予見をした時点に遡って働き、その出来事の偶然性を抹消する、とされる。この「未来における偶然的なもの」に関する問題は、ライプニッツが『弁神論』で、ここでもまた書くことを例に取って、簡潔にまとめている。「今日私が書くだろうということは、すでに百年前に真であったし、今日私が書いたということは、百年後にも真であるだろう」。明日海戦が起こるだろう、さもなければ起こらないだろう、と誰かが言うところを想定してみよう。もしその翌日に海戦が起これば、海戦が現実のものとなるだろうと前日に言ったのは前日の時点ですでに真であった。つまり、海戦が現実のものとならないことはありえなかった。逆に、もし海戦が起こらなければ、海戦が起こらないだろうと言うことがこれもやはりすでに真であった。つまり、海戦が現実のものとなるということは不可能だった。どちらの場合も、偶然性の代わりに必然性と不可能性が置かれてしまう。

中世哲学では、未来における偶然的なものの問題は、神の予知能力の問題に劇的なしかたで結びつけられている。それは人間の自由意志をあらためて問いに付し、あるいはまた、神の意志の啓示可能性自体を破壊する。一方には、堅固な必然性がある。

それは、未来が必然的なものであるかぎりにおいて、決定からすべての意味を取り除いてしまう。他方には、絶対的偶然性ないし不確実性がある。これはキリスト自身や天使をも巻き添えにする。十四世紀初頭にオクスフォードの教授リチャード・フィッツラルフは『聖書の問い』において次のように背理法で議論をおこなっている。「ゲッセマネで血を流すキリストは、自らの死を予見しなかったというより、自らの生の連続を予見しなかったのであり、天界の天使たちは、自らの永遠の至福を予見しなかったというより、自らの永遠の悲惨を想像しなかったのである。というのは、彼らは、神が望むなら自分たちは永遠に不幸になることもありうると知っているのだから」。

未来における偶然性を損なう、現在から過去へと向かう de præsenti ad præteritum 議論を妨害しつつ、しかしながらその議論に関わる言表からすべての確実性を除かずにおくにはどうすればよいのか？　アリストテレスの解決は優雅である。彼は『命題論』に次のように書いている。「あらゆるものは存在するかさもなければ存在しないことが必然的であり、また、存在するだろうかさもなければ存在しないだろうことが必然的である。しかし、この二つの可能的なものがひとたび分離されてしまうと、どちらかが必然的であるとはっきり言うことはできなくなる。たとえば、明日は海戦があるだろう、さもなければないだろう、と私が言うとする。しかしそのとき、海戦が真となるだろうということも、そうならないだろうということも、必然的ではない(30)」。

したがって、必然性は、特定の出来事についてそれぞれ別個に了解される、それが真となることや真とならないことに関わるのではなく、「真となるだろう、真とならないだろう」という二者択一の全体に関わるのである。言い換えれば、「明日は海戦があるだろう、さもなければないだろう」という（ヴィトゲンシュタイン的な意味での）トートロジーのみがつねに必然的に真であり、それに対して、二者択一の二つから一方を取ると、それはそれぞれが偶然性へと、つまりそれが存在することも存在しないこともできる可能性へと回復される。

しかし、このように見ると、条件的必然性という原則を護持することがなおさら避けられなくなる。アリストテレスが、潜勢力という状態にあるもの dynaton を次のように定義しなければならないのはそのためである。「何かが、それの潜勢力をもつと言われている現勢力が現実のものとなるときに、非の潜勢力という状態にあるものが何もなくなるなら、そこには潜勢力がある」[31]。この定義の最後の三つの語「非の潜勢力という状態にあるものが何もなくなる ouden estai adynaton」が意味するのは、「不可能なものが何もなくなる」（つまり不可能でないものは可能的である）ということではない。これは一般的に見られる誤解だが、このように読んでしまうとアリストテレスのテーゼはまったく平凡なものになってしまう。この三つの語が意味するのはむしろ、『分析論前書』においておこなわれている偶然的なものについてのこれに類似した定義が示しているように（そこでも、一般に流布している翻訳は次のように修正しなければならない。「何かが必然的でないのに存在するということがあるとき、そこに非の潜勢力という状態にあるものが何もなくなるなら、そのときに、可能的なものは起こりうる、と私は言う」[32]）、ここでは、存在することもしないこともできるという可能的なものが現実のものとなりうるための条件が裁可されている。偶然的なものが、存在しないことができるという潜勢力（つまり非の潜勢力 adynamia）のすべてを手放すとき、つまり、「非の潜勢力という状態にあるものが何もなくなる」とき、したがって、偶然的なものが、できないということがないことができるとき、はじめて、偶然的なものは現勢力という状態へと移行することができる。

だが、この、存在しないことができるという潜勢力を抹消することを、どのようなものとして了解しなければならないのか？　可能的なものがひとたび現実のものとなってしまったなら、存在しないことのできたものとはどのようなものなのか？

三・四

ライプニッツは『弁神論』において、壮大でもあり恐ろしくもある隠喩譚を物語っている。そこで彼は、存在することができたが存在しなかったものに対して、実際に存在したもののもつ権利を正当化している。ロレンツォ・ヴァッラが対話『自由意志について』で語っている物語をさらに続けて、ライプニッツは次のように想像する。デルポイの神託でアポロンはセクストゥス・タルクィニウスに対して、ローマ王になれば不幸に見舞われるだろうと告げたが、この応えに満足しなかった彼はドドネのユピテルの神殿におもむき、自分を悪人へと運命づけた神を責め、その運命を変えてほしいと、あるいはせめて間違いを認めてほしいと言う。ユピテルがこの頼みを拒絶し、ローマをあきらめるようにあらためて言うと、セクストゥスは神殿を退出して、自分の運命に身をまかせてしまう。しかし、この光景に立ちあっていたドドネの司祭テオドロスが、この件についてさらに知りたいと思う。彼はユピテルの勧めにしたがってアテナイのパラス神殿におもむき、そこで深い眠りに落ち、夢のなかで見知らぬ国に運ばれていった。そこで女神パラスが見せてくれたのが〈運命の宮殿〉である。それは輝く頂上のある巨大なピラミッドで、その基礎は無限に下に続いている。宮殿の部屋は無数にあり、そのそれぞれがセクストゥスの可能的な運命の一つ一つを表している。一つ一つの可能的な、だが現実のものとはならなかった世界がそのそれぞれに対応する。その一室にテオドロスは、セクストゥスが神に説得されて神殿から出てくるところを見る。そこでは、セクストゥスはコリントスに行き、小さな庭を買っている。庭を耕すうちに彼は財宝を発見する。彼は誰からも愛され重きを置かれて、そこで、老年まで幸福に暮らす。また別の部屋を見ると、セクストゥスはトラキアにいて、そこで王の娘と結婚して王座を継承し、民衆に敬慕される幸福な主権者になっている。また別の部屋を見ると、彼が送っているのは平凡な人生だが、苦痛はない。このようにして、部屋から部屋へ、ある可能的な運命から別の可能的な運命へと続いている。「部屋はピラミッド状になっていた。頂上に向かうにつれて部屋は美しくなり、それはより美しい世界を表していた。そしてついに、ピラミッドの終わりの、最上階の部屋にたどりついた。それはあらゆる部屋のなかで最も輝かしい部屋だった。というのも、ピラミッドには始まりはあったが、終わりは見えなかったからだ。つまり、ピラミッドには頂上はあったが、底面はまったくなかった。下は限りなく大きくなっていたからだ。それは、女神の説明によれば、無限にある可能世界のなかには、最善の世界が一つあるからであり、さもなければ、神は世界を創造しようと決定することもなかっただろうというのだ。だが、自分より完成度の劣る世界をもたない世界は一つもない。ピラミッドが終わりなく下に向かって続いているのはそのためである。その最上階の部屋に入ると、テオドロスは恍惚に我を忘れた［……］。我々は真の現実の世界にあり、おまえは今、幸福の源そのものにいる、と女神は言った。これが、おまえが忠実に仕えるならユピテルが用意してくれるものだ。そしてこちらが今あるセクストゥス、現実のこれからのセクストゥスである。彼はすっかり怒って神殿を退出し、神々の助言を軽んじている。見よ、セクストゥスがローマに行き、いたるところで混乱の種をまき、友人の妻を犯している。ほら、父とともに追放され、戦に敗れて不幸になっている。もし、ここでユピテルが、コリントスにいる幸福なセクストゥス、トラキアで王となっているセクストゥスを選んでいたなら、このような世界にはならなかったであろう。だが、神はこの世界を選ぶより他はなかった。この世界は他のあらゆる世界を超えて完璧な、ピラミッドの頂点を占める世界なのだ」。

可能世界によって作られるピラミッドが表しているのは神の知性であり、その知性の理念は「あらゆる可能的なものを永遠全体にわたって含んでいる」とライプニッツは他のところで書いている。神の精神はピラネージの牢獄だ。いやむしろ、存在したことはないが存在することのできたものの像を幾世紀にもわたって保管しているエジプトの霊廟だ。そして、その巨大な霊廟を、数ある可能世界のうちで最善のもの（それは、共に可能的である最大数の出来事を含んでいるのだから最高度に可能的な世界である）を選んだ神が折にふれて訪れる、とライプニッツは言う。それは「事物をやりなおす快楽、また自分のおこなった選択が正しかったと確かめる快楽にふけるためである。そして神は必ずや悦びを覚える」。この造物主は、自分の唯一の選択が正しかったと悦ぶために、創造されなかったあらゆる可能世界を見ふけるというのだが、これほど偽善的なものを想像することは難しい。というのも、神はそのために、この潜勢力のバロック的な地獄の数限りない部屋また部屋から立ちのぼる、存在しえたかもしれないが現実のものとならなかったすべてのもの、他のしかたでありえたかもしれないが世界が特定のものであるために犠牲にされなければならなかったすべてのものの発する途切れることのない嘆きの声に対して、自分の耳を閉ざさなければならないからだ。最善の可能世界は無限に延びる影を落とし、その影は階を下って端の宇宙に至るまで続いている——そこは、天界の住人にとってさえ構想不可能な宇宙だ。そこでは、何ものも他の何かと共に可能的ではなく、何も現実のものとなることができない。

三・五

バートルビーが実験を準備しているのは、この運命の宮殿という「エジプト建築」のなかである。彼はアリストテレスのテーゼを文字どおりに取る。そのテーゼによれば、「真となるであろう、さもなければ真とならないであろう」というトートロジーは、一方の可能性が、また他方の可能性が現実のものとなろうがなるまいが、全体としては必然的に真である。バートルビーの実験はまさにこの真理の場に関わるものであり、この実験の目指すのはもっぱら、特定の潜勢力自体が真であるかを示すことである。つまり、存在することができると同時に存在しないことができるものが真であるかを示すことである。だが、そのような実験は、過去の撤回不可能性の原則を問いに付さなければ可能ではない。あるいはむしろ、潜勢力が遡行的に現実のものとなることが不可能であるということに異議を唱えなければ、可能ではない。現在から過去へと向かう議論の方向を転倒させて、彼は「偶然的な過去」に関する問いという、最新の論議に着手する。「セクストゥスは、ローマに行くであろう、さもなければ行かないであろう」というトートロジーが必然的に真であるということが、過去に遡って作用する。しかしそれは、それによって過去を必然的なものにするためではなく、存在しないことができるという潜勢力へと過去を回復するためである。

ベンヤミンは贖罪の使命を記憶に託しているが、その使命を、過去とともに回想がおこなう神学的経験という形で表現したことがある。彼は次のように書いている。「科学が「確認」したこと、回想によって修正されることができる。回想は、完成しなかったもの（幸福）を完成したものにし、完成したもの（苦痛）を完成しなかったものにする。これは神学だ。だが、我々は回想において、ある経験をする。その経験は、原則的に非神学的なしかたで歴史を把握することを我々に禁じるものである。また同様に、その歴史を神学的な概念を用いて直接的に書くことも許されてはいない」。回想は、起こったことを完成しなかったものにし、存在しなかったことを完成したものにし、それによって過去に可能性を回復する。回想は、起こったものでも、起こらなかったものでもない。回想は一つの潜勢化であり、物事がふたたび可能的なものになることである。バートルビーが過去をあらためて問いに付し、過去を喚起するのは、この意味においてである。そのようにするのはただ単に、存在したことを贖ったり新たに存在させたりするためではなく、存在したことをあらためて潜勢力に託し、トートロジーのもつ無差別の真理に託すためである。「しないほうがいいのですが」は可能性の全的な回復 restitutio in integrum である。それは、可能性を、起こることと起こらないことのあいだ、存在することができることと存在しないことができることのあいだの平衡状態に保つ。これは、存在しなかったものの想起である。

じつのところ、潜勢力は、二通りのしかたで過去へと向きなおることができる。第一のしかたは、ニーチェが永遠回帰に託しているしかたである。というのも、彼によれば、人間の案出した最悪の罰である復讐精神の起源はまさしく、「過去と「それはそのようであった」」への意志を嫌悪すること、「反意志 Widerwille」であるからだ。「「それはそのようであった」」。これこそ、意志の歯ぎしりであり、意志の最も孤独な悲嘆である。意志は、すでにおこなわれたことに対しては無力であり、過去を見つめる悪意ある観客だ。／意志は過去を欲することができない［……］。時間が後戻りできないということは意志の憤怒のもとである。「あったこと」、意志がひっくり返すことのできない石はこれである」。

アリストテレスが『ニコマコス倫理学』で語っている「トロイアが陥落したことを欲する」ことができないということは、意志を苦しめ、意志を怨恨に変える。ツァラトゥストラが意志に対して「後ろ向きに欲すること zurückwollen」を教え、あらゆる「それはそのようであった」を「私はそのように欲した」に変えることを教える者であるのはそのためである。「それのみが救済と呼ばれる」。復讐精神を除去することだけに気を配っていたニーチェは、存在しなかったものや、他のしかたでありえたものの発する嘆きの声を完全に忘却している。そうした声のこだまはブランキにはまだ聴き取ることができる。トーロー城塞の監房で、ニーチェの十年前に永遠回帰を喚起して、彼は〈運命の宮殿〉のすべての可能世界に対して実際の実存を——苦々しく冷笑しつつ——授けている。彼は次のように書いている。「我々の分身の数は、時間においても空間においても無限である。率直に言って、我々はこれ以上に要請することはまずできない。それらの分身は骨肉を備えており、さらにはズボンや短マント、骨入りスカート《クリノリン》や髷結い《シニョン》をも備えている。彼らは幻霊などではまったくない。それは永遠と化した現実なのだ。／しかしながら、そこには大きな欠陥がある。進歩がないのだ。悲しいかな！　それは平俗な焼きなおし、繰り返しなのだ。過ぎ去った諸世界の一冊一冊が、未来の諸世界の一冊一冊となる。分岐の章だけが希望へと開けている。ここで自分がありえたすべてのことが、どこか他の場所で我々の身に起こっているということを忘れないようにしよう」(33)。ツァラトゥストラにおいては、このこだまは完全に消されている。つまるところ、ツァラトゥストラの永遠回帰は、ライプニッツの『弁神論』の無神論的な変種でしかない。それは、ピラミッドの一部屋一部屋のなかには起こったことの繰り返しだけをつねに見て、そのことによってのみ、現実の世界と可能世界のあいだの差異を抹消して世界に潜勢力を回復する。ニーチェの決定的な経験を、はじめて、それもほとんど同じ用語を用いて定式化したのがまさにライプニッツだということも偶然ではない。「人類が、現在ある状態に充分に長く持続すれば、個人の生までもが些末な細部に至るまで同じ状態であらためて起こるという瞬間が必ずや到来するだろう。私自身も、このハノーファーという名の都市にいて、ライネ河の河岸でブラウンシュヴァイクの歴史の研究に取り組み、同じ友人たちに同じ意味の手紙を書いているところだろう」。

筆生バートルビーが、筆写を放棄することを決心する瞬間まで固執しているのがこの解決法である。ベンヤミンは、永遠回帰を居残りの罰課 Strafe des Nachsitzens、怠慢な生徒に教師が課す、同じ文章を何度も筆写させる罰課に喩えたことがあるが、そのときベンヤミンは筆写と永遠回帰のあいだにある内密の照応関係を発見している。(「永遠回帰とは、宇宙に投影された筆写である。人間は、自分のテクストを終わりなく反復して筆写しなければならない」。)かつてあったことの無限の反復は、存在しないことができるという潜勢力を完全に放棄している。その執拗な筆写にあっては、アリストテレスの偶然的なものにおけるのと同じように、「非の潜勢力という状態にあるものが何もなくなる」のだ。潜勢力への意志とは、じつは意志への意志であり、永遠に反復される現勢力であり、反復されることでのみ潜勢力を回復される現勢力なのだ。筆生が筆写をやめ、「筆写を放棄」しなければならないのはそのためである。

三・六

物語の終わりで、法律家はある「噂」を鍵としてバートルビーの謎を慎重に解釈しようとする。その噂《ルーマー》とは、バートルビーが「ワシントンの「死んだ手紙〔配達不能郵便物 dead letter〕部局」の下級局員だったが、行政の改変によって突然解雇された」というものである。物語のなかですでに幾度かそうしているように、法律家は正当な指摘をおこなってはいる。だが、いつもどおり、そこから彼の抽き出す説明は的外れだ。じつのところ、法律家は、その部局で働いたことが極端なまでに筆生の先天的な素質を「蒼白な絶望」に到達させたのではないかと仄めかしている。したがって、バートルビーの嘆かわしい振る舞いと気違いじみた定式は、あらかじめ存在していた病理的な素質が環境によって助長されて到達した最終段階として説明されるということになる。この説明が卑俗であるのは、あらゆる心理学的説明同様にそれが心理学的説明自体を自己前提してしまっているからということもあるが、それよりも、その説明が、「死んだ手紙」をバートルビーの定式に結びつけている特別な結びつきをまったく問いに付していないからである。「蒼白な絶望」がまさに他ならぬこのしかたで表現されるのはなぜなのか？

だが、ここでまた、我々を正しい道に導いてくれるのが法律家である。彼はこう言っている。「折りたたんだ紙片から、蒼白な局員が指輪を取り出すこともある――指輪をはめるはずだった当の指は墓のなかで土にかえるところかもしれない。迅速きわまる慈善によって送られた銀行券のこともある――それによって救われるはずの当の人物は、もはや食べることも飢えることもない。絶望のうちに死んだ人々に宛てられた赦しのこともある。希望もなく死んだ人々に宛てられた希望のこともある。救いのない惨禍に息を詰まらせて死んだ人々に宛てられた良い便りのこともある。生の告知のはずが、これらの手紙は死へと行き急ぐ」。けっして届かなかった手紙が、存在しえたが実現しなかった幸福な出来事の暗号であるということを、これ以上はっきりと示唆することはできないだろう。現実のものとなったのは正反対の可能性である。手紙は、書くということは、潜勢力から現勢力への移行を天界の筆生の書板の上にしるしづけるものだ。しかし、まさしくそのゆえに、あらゆる手紙はまた、何ものかが真となならないということをしるしづけてもいる。この意味で、手紙はつねに「死んだ手紙」なのだ。これこそ、バートルビーがワシントンの部局で学んだ耐えがたい真理であり、これこそが「生の告知のはずが、これらの手紙は死へと行き急ぐ on errands of life, these letters speed to death」という特異な定式の意味なのだ。

依然として指摘されたことがないが、この定式はじつは「ローマ人への手紙」の一節「生へと定められていた告知《エントレー》が死へと向かうものであることが私にはわかった」(34)をほとんどそのまま引用したものである。英語訳でメルヴィルが読んでいたのは次のとおりである。And the commandment, which was ordained to life, I found to be unto death.（告知《エントレー》entolē とは令状、つまり何らかの明確な目的のために送られるものを指すので——手紙 epistolē はここに由来する——、この語は「命令 commandment」とするより「告知 errand」としたほうがよい。）パウロのテクストでは、告知《エントレー》とは〈法〉の令状のことである。その令状からキリスト者は解放されたとされる。「手紙の古さ」が参照しているのはこの令状であり、使徒パウロが精神の「新しさ」をその直前で対置している当のものがこれである（「ローマ人への手紙」のまた別の一節には「しかし今や我々は、〈法〉という、我々を捕らえていた死んだものから解放されている。そして我々は、手紙の古さにではなく、精神の新しさに奉仕する[35]」とある。「コリント人への第二の手紙」の一節「手紙は殺すが、精神は生を与える[36]」も参照のこと）。バートルビーと法律家のあいだの関係のみならず、バートルビーと書きもののあいだの関係もまた、このように見ると、新しい意味を獲得する。バートルビーは法の筆生 law-copist、つまり福音的な意味での筆生であり、彼が筆写を放棄するということは〈法〉を放棄するということ、「手紙の古さ」を乗り越えるということでもある。ヨーゼフ・Kについてそうしたのと同様に、批評家たちはバートルビーをキリストの一形象と見なした（ドゥルーズは「一人の新しいキリスト」と言っている）。そのキリストは、古い〈法〉を廃棄して新しい令状を開始するべく到来する者である（皮肉にも、このことを喚起しているのは法律家自身である。「私はおまえたちに、互いに愛しあえという新たな法を与えよう[37]」）。しかし、バートルビーが新しいメシアだとしても、彼は、イエスのようにかつて存在したものを贖うためにではなく、かつて存在しなかったものを救済するために到来するのだ。新しい救済者である彼が降りていく底なし地獄《タルタロス》は、〈運命の宮殿〉の地下の最深層であり、ライプニッツが視覚を届かせられなかったところ、何ものも他の何かと共に可能的ではない世界、「何も、何かよりむしろ存在するということがない」世界である。バートルビーが到来するのは新しい〈法〉の石板をもってくるためではない。メシアの君臨についてのカバラー的思弁におけるとおり、彼は、トーラーを完璧に破壊することによってトーラーを完成へともたらすために到来するのだ。聖書は第一の創造の法であり（カバラー学者はこれを「ベリアーのトーラー」と呼ぶ）、そこでは神は世界を、自らが存在することができるという潜勢力から出発して創造するが、神はそうするにあたって、自らが存在することができるという潜勢力を、自らが存在しないことができるという潜勢力から分離した状態に保つ。このトーラーの文字の一つ一つが、生に向けて宛てられているとともに死に向けても宛てられているのはそのためである。それが意味するのは、指輪であり、またその指輪がはめられるはずだったが墓で腐敗している指でもあり、存在したものであり、また存在しなかったものでもある。

書くことを中断してしまうことは、第二の創造への移行をしるしづける。その創造にあって神は、自分に対して、自分が存在しないことができるという潜勢力を喚起し、潜勢力と非の潜勢力のあいだの区別のなくなった点から出発して創造をおこなう。そこで遂行される創造は、再創造でも永遠の反復でもない。むしろそれは一つの脱創造であり、そこでは、起こったことと起こらなかったことが、神の精神のうちで、もともとの単一性へと回復され、また、存在しないこともできたが存在したものは、存在することもできたが存在しなかったものと見分けがつかなくなる。

あるペルシアの新プラトン主義者は、偶然性がすべての被造物の上に残した影の部分を、大天使ガブリエルの闇の翼という譬喩で表現したことがある。

ガブリエルには翼が二つあると知れ。第一の翼である右の翼は、純然たる光である。この翼はガブリエルの存在が神とのあいだにもつ唯一の純粋な関係である。そして、左の翼がある。この翼には暗い痕がついている。それは、明けがたの月の赤みがかった色に、あるいはまた鳩の足に似ている。その闇の痕は彼の、存在することができるという能力であり、その痕の片側は非存在のほうを向いている（というのはその能力はそれ自体、存在しないことができるという能力でもあるのだから）。存在するという現勢力に関してガブリエルを神の存在を通じて考察するなら、彼の存在は必然的と言われる。というのは、この局面から見れば、彼は存在しないことができないからだ。しかし、彼の即自的本質の権利に関して考察するなら、その権利は即、同程度に、存在しない権利でもある。というのは、そのような権利は、即自的には自らが存在することができるという能力をもたない存在へと帰着する（したがってそれは存在しないことができるという能力である）からである。

脱創造とは、黒い翼にのみ頼った不動の飛翔のことである。この翼が羽ばたくごとに、現実の世界は存在しない権利へと導かれ、可能世界は存在する権利へと導かれる。ローマで不幸な暴君であるセクストゥスとコリントスで幸福な農夫であるセクストゥスの見分けがつかなくなり、ついには一致する。この飛翔は永遠の天秤であり、その唯一の秤皿の上では、最善の可能世界が不可能な世界とのあいだに嫉妬深い均衡を保っている。脱創造は、バートルビーの横たわるところ、〈運命の宮殿〉の「永遠のピラミッドの中心」で起こる。ここは、この転倒した弁神論の皮肉な意図にしたがって、〈正義の殿堂 The Hall of Justice〔「司法庁舎」〕〉とも呼ばれている。その脱創造の教えとなる言葉は〈裁き〉ではない。〈裁き〉は、かつて存在したものを補償へ、あるいは永遠の罰へと割り当てる。脱創造の教えとなる言葉は〈輪廻的再生《パリンゲネシス》〉、全的な回復《アポカタスタシス》 apokatastasis pantōn である。新たな被造物はそこで、「真となる、さもなければ真とならない」という、真偽を問うことの不可能な中心に到達する。生へと令状を宛てられつつ、死へと行き急ぐ手紙の旅は、ここで決定的に終わりを迎える。つまるところ、ここにおいてこそ被造物はわが家にあり、贖われないがゆえに救われてある。壁に囲まれた中庭が「思うほど悲しい場所でもない」のはそのためである。そこには空もあり、草もある。そして、この被造物は「どこに自分がいるのか」完璧にわかっている。

（1）Nam simul cum cathedra creavit Deus tabulam quamdam ad scribendum, que tantum grossa erat quantum posset homo ire in mille annis. Et erat tabula illa de perla albissima et extremitas eius undique de rubino et locus medius de smaragdo. Scriptum vero in ea existens totum erat purissime claritatis. Respiciebat namque Deus in tabulam illam centum vicibus die quolibet et quantiscumque respiciebat vicibus, construebat et destruebat, creabat et occidebat [...]. Creavit namque Deus cum predicta tabula pennam quamdam claritatis ad scribendum, que habebat in se longitudinis quantum posset homo ire in VC annis et tantumdem in latiudine quidem sua. Et ea creata, precepit sibi Deus ut scriberet. Penna vero dixit : "Quid scribam?" At ille respondit : "Tu scribes sapienciam meam et creaturas omnes meas a principio mundi usque ad finem."

（2）Aristoteles, quando perihermenias scriptitabat, calamum in mente tinguebat.

（3）〔訳者記〕イタリア語 potenza（ギリシア語 dynamis）は「可能態」「潜勢態」と訳す慣行があるが、本書ではとくにイタリア語のもつ「力」の含意をふまえ「潜勢力」としている。文意を明瞭にするため「潜勢力という状態」とした箇所も多い。同じく、イタリア語 atto（ギリシア語 energeia）は、「現実態」「現勢態」と訳す慣行があるが、「現勢力」ないし「現勢力という状態」としている。

（4）アリストテレス『霊魂論』430a.

（5）dynamis mē einai, mē energein.

（6）〔訳者記〕アリストテレスに由来する哲学用語としてのイタリア語 impotenza ないし potenza di non（ギリシア語 adynamia）は本書では「非の潜勢力」と訳している。通常は「存在したり為したりすることができない」こと、つまり「無能力」「潜勢力のなさ」と解される語だが、アガンベンのテクストでは「存在しないことができる、為さないことができる潜勢力」と同一視されている。

(7) tou autou kai kata to auto pasa dynamis adynamia. アリストテレス『形而上学』1046a 32.

(8) potentia scriptoris perfecti in arte sua, cum non scripserit.

(9) アリストテレス『形而上学』1074b 15-35.

(10) et hoc simile est, sicut si diceremus quod litteræ scriberent seipsas in tabula.

(11) terra autem erat inanis et vacua et tenebræ erant super faciem abyssi.

(12) descendens vero in principiis rerum ac velut se ipsam creans in aliquo inchoat esse.

(13) For all men who say yes, lie; and all men who say no — why, they are in the happy condition of judicious, unincumbered travelers in Europe; they cross the frontiers into Eternity with nothing but a carpetbag — that is to say, the Ego.

(14) 〔訳者記〕ディオゲネス・ラエルティオスの原文では、「懐疑論者たちはこの表現を肯定的にではなく否定的に用いる」とある。

(15) 〔訳者記〕訳者補足「スキュラが存在しないのはキマイラが存在しないのと同じ」は、あくまでも暫定的なものである。ここで問題になっているのは、キマイラが存在するかどうかについて問わないまま「スキュラが存在するかどうかは、キマイラ「より以上ではない」」、すなわちすでにその存在について判断を宙吊り済みのキマイラほどでさえない」と言明する、懐疑の定式の極端さである。これ以降登場する「存在するのが存在しないより以上ではないもの」といった晦渋な表現にも「存在するともしないとも言えないもの」という暫定的な補足を付しているが、これも真意は「存在するということが、存在しないということほどにさえありうるとは言えないもの」ということである。

(16) 〔訳者記〕神の使者である「天使」をも指す。

（17） ratio est cur aliquid sit potius quam non sit.

（18） mundus verus abit in mundum fabulosum, in quo voluntas hominis stat pro ratione eorum, quæ fiunt.

（19） ideo nimirum vult, quia libet.

（20） Est ergo causa cur existentia prævaleat non-existentiæ, seu ens necessarium est existentificans.

（21） I' vo come colui ch'è fuor di vita / che pare, a chi lo sguarda, ch'omo sia / fatto di rame o di pietra o di legno / che si conduca solo per maestria.

（22） possibile / impossibile / necessarium / contingens } est quicquid { potest / non potest / non potest non / potest non } fieri (seu verum esse)

（23） アリストテレス『ニコマコス倫理学』1139b 6-10.

（24） factum infectum fieri nequit.

（25） アリストテレス『命題論』19a 22.

（26） quodlibet, dum est, necessario est.

（27） アリストテレス『形而上学』1047a.

（28） experitur qui vult se posse non velle.

（29） voluntas sola habet indifferentiam ad contraria.

（30） アリストテレス『命題論』19a 28-32.

（31） アリストテレス『形而上学』1047a 24-26.

（32） アリストテレス『分析論前書』32a 18-20.

(33) Le nombre de nos sosies est infini dans le temps et dans l'espace. En conscience, on ne peut guère exiger davantage. Ces sosies sont en chair et en os, voire en pantalon et patelot, en crinoline et en chignon. Ce ne sont point là des fantômes, c'est de l'actualité éternisée. / Voici néanmoins un grand défaut : il n'y a pas de progrès. Hélas! non, ce sont des rééditions vulgaires, des redites. Tels les exemplaires des mondes passés, tels ceux des mondes futurs. Seul, le chapitre des bifurcations reste ouvert à l'espérance. N'oublions pas que *tout ce qu'on aurait pu être ici-bas, on l'est quelque part ailleurs*.

(34) euretē moi hē entolē hē eis zōēn, autē eis thanaton. パウロ「ローマ人への手紙」7:10.

(35) But now we are delivered from the Law, that being dead where we were held; that we should serve in newness of spirit, not in the oldness of the letter. 同書 7:6.

(36) the letter killeth, but the spirit giveth life. パウロ「コリント人への第二の手紙」3:6.

(37) A new commandment give I unto you, that ye love one another.

バートルビー

ハーマン・メルヴィル

私はかなり年をとった男だ。私は仕事柄この三十年間、ある興味深い、いささか特異と思われる人々と普通以上の接触をもってきたが、知るかぎりでは今までその人々については何も書かれたことがない――法律文書の筆写係ないし筆生のことである。職業においても私事においても、私は多くの筆生と知りあいになった。お望みなら、さまざまな物語をお伝えして善良な紳士がたに微笑んでもらったり、感傷的な魂の持ち主に泣いてもらったりすることもできるだろう。だが私は、ここでは他のすべての筆生の伝記は控えて、ただバートルビーの人生の一端について若干をお話ししよう。彼は、私が会ったなかで、いや、耳にしたなかでも、最も奇妙な筆生だった。他の筆生についてならその全人生を書くこともできるだろうが、バートルビーについてはその種のことがまったくできない。この男の充分な、満足のいく伝記を書くための資料は存在しないと私は思う。文学にとっては取り返しのつかない損失である。ある人々については、原資料にもとづかなければ何も確実に言えないということがあるが、バートルビーはそのような一人であり、その原資料というのがまた、彼の事例では非常に少ないのだ。バートルビーについて私が驚きの目で見たもの、彼について私が知っているのはそれだけである。じつを言うと、それ以外には不確かな伝聞が一件あるだけだ。この伝聞については、後日談として最後にお話しすることにしよう。

この筆生が私の前にはじめて現れたところから紹介しようと思うが、その前に、私自身について、私の被雇用者《アンプロワイエ》、私の業務、事務所、周囲一般について、若干の言及をおこなうのがよいだろう。というのは、これから紹介する主要人物を適切に理解するためには、そのような描写が不可欠だからだ。

まず最初に私についてだが、私は、若い頃から、最も安易な生きかたこそ最も良い生きかたであるという深い確信に充たされてきた男だ。したがって、私の職業は俗に、精力的かつ神経質なものであり、狂乱にいたることもあると言われてはいるが、その種のことが私を苦しめたり私の平和を侵したりしたことは今までない。私は、陪審員に向かって演説したり公衆の称讃に浴したりすることのけっしてない、野心のない法律家の一人である。私のような法律家は、清涼な平静さのうちに安穏と引きこもって、金持ちの債券や抵当証書や不動産権利証書で安穏とした業務をする。私のことを知る人は皆、私のことをすぐれて安全な男と見なしている。故ジョン・ジェイコブ・アスター(1)は詩的熱狂の才に欠けた人物だったが、私の第一の長所は慎重さ、第二の長所は几帳面さだとためらわずに口にした。私は虚栄心からそう言うのではない。単に事実を記録しておくが、私も故ジョン・ジェイコブ・アスターに職業上雇用されなくもなかったということである。たしかに、私はこの名を好んで繰り返すが、それは、そこには丸くまとまった響きがあり、金塊のように鳴り響くからだ。ついでに言い足せば、その故ジョン・ジェイコブ・アスターの良い意見に対して、私も感じるところがなくもなかった。

このちょっとした物語が始まる少し前、私の業務量は大幅に増加していた。ニュー・ヨーク州では今は廃止されてしまったが、衡平法裁判所主事(2)という古き良き職務があり、それが私に授けられたのだ。それほど骨の折れる職務ではなく、非常に気前よく報酬をはずんでくれた。私はまず平静を失うことはないし、不正や違犯に対して危険な憤怒に駆られることはさらに稀である。しかし、ここでは駆け足で話をすることをお許しいただかなければならないが、衡平法裁判所主事の職務が新しい憲法によって乱暴に廃止されてしまったことは、つまり――早まった行為だった――と表明しておく。終身で利益を受けられると考えていたのに、私が受け取ったのはほんの数年ぶんにすぎない。だが、これはついでの話だ。

私の事務所は、ウォール街××番地の階段をあがったところにあった。事務所の片側は白い壁に面していた。その壁は、建物を上から下まで貫いて天光を採り入れる垂直な吹き抜けの内壁だった。この眺めには風景画家が「実物《ライフ》」と呼ぶものがなく、どちらかと言えば精彩

---

(1) 実在した有名な金満家（一七六三―一八四八）。

(2) 衡平裁判所は、通常の法原理では解決が困難な訴訟などを担当する裁判所。ニュー・ヨーク州では憲法改正にともない一八四七年に廃止された。主事は判事の補佐にあたる。

が欠けていた。だがそれでも、事務所の反対側から見える眺めとは対照的だった。反対側の窓からは、高くそびえるレンガ壁が遮るものもなく見えた。その壁は、時代を経たために、またつねに日陰になっているために、黒ずんでいた。その壁の隠れた美しさを明らかにするには望遠鏡など必要ではなかったが、壁は、近眼の観客たちのために、こちらの窓ガラスから十フィートもないところまで迫ってきていた。周囲の建物は非常に高く、私の事務所が二階だったこともあり、その壁とこちらの壁のあいだの隙間は、巨大な四角い水槽に少なからず似ていた。

バートルビーがご降臨あそばすちょうど直前の時期、私は筆写係を二名雇用し、それに加えて前途有望な少年を使い走りとして置いていた。一人めはターキー、二人めはニッパーズ、三人めはジンジャー・ナットである。普通、そのような名は人名録には見あたらないと思われるだろう。本当のことを言えば、これはうちの三人の事務員が互いにつけあった綽名であり、それぞれの人となりや性格を表現していると見なされるものだった。ターキーはイギリス人の太った小男で、私と同じ年恰好、つまり六十歳に遠からぬ年齢だった。朝、彼の顔はいわばほどよい血色だったが、正午十二時――彼の食事の時間――を過ぎると、その顔が、まるでクリスマスの石炭で一杯の暖炉のようにかっかと燃えた。顔はおよそ午後六時まで、いわば少しずつ弱火になりながら燃え続け、午後六時を過ぎると、顔の所有者のほうが見えなくなってしまった。その顔は、太陽とともに子午線に達し、ともに没し、翌日も同じ規則正しさと衰えぬ栄光をもって日出し、頂点に達し、暮れていくようだった。私は今までにも特異な偶然の一致を多く目にしてきたが、そのなかでも以下は、最も些末というわけでもない。すなわち、ターキーが赤々と輝く顔から一番の光を放つちょうどそのとき、まさにその極みの瞬間に、日々訪れるあの時間が始まったのだ。その時間になると、彼の業務能力は、二十四時間の残りと比べてもひどく妨げられるようだった。ターキーがまったく怠慢だとか、業務を嫌悪しているとかいうのではない。そのようなことはまったくない。問題なのは、彼が非常に精力的、あまりに精力的になるきらいがあるということだった。彼の活動には、奇妙な、燃えあがるような、ばたばたとした軽々しい無謀さがあった。ペンをインク壺に浸すにも不注意だった。私の書類に彼がつけたしみはすべて、正午十二時を過ぎてからのものだった。じつを言えば、彼は午後になると無頓着になってしみを作るという悲しい癖があっただけではない。日によってはさらに先に行ってしまい、むしろ騒々しくなることもあった。そのようなときにも、彼の顔はますます飾りたてられた。それはまるで、燭炭が無煙炭のうえに積みあげられているかのようだった。ターキーは椅子で不愉快な音を立て、吸い取り砂の入った箱をひっくり返し、ペン先を整えようとして苛立ち、ばらばらにしてしまい、突然激情に駆られてそれを床に投げつけ、立ちあがり、机のうえに身を屈め、書類を何とも不作法にあちらこちらへやったが、それは、彼ほどの年の者の振る舞いとしてはまったく悲しいものだった。しかしながら、彼は私にとっては多くの点で非常に価値のある人物であり、正午十二時より前であれば、いつも最も迅速かつ最も堅実な人間であって、大量の仕事をこなすところは容易に真似ができなかった——このような理由から、彼の常軌を逸したところも私は大目に見るようにしていた。とはいえ、じつを言えば、私は諫言を加えることもあった。ただ、それも非常に穏やかに言ったのだ。というのも、朝は何とも慇懃というか、何とも柔和で恭しい男だったのに、午後になると、ほんのちょっとした挑発に対しても、舌がいささか軽率になるというか、じつを言って横柄になる傾向があったからだ。さて、私はこのように、朝の彼の勤務ぶりは評価していて、それが失われることがあってはならないと決意してもいたが、それと同時に、十二時以降の彼の燃えさかった様子には居心地の悪い思いをさせられてもいたので、私は平和を愛する者として、下手に教え諭して不相応な反撃を彼から受けたくはなかった。そこで私はある土曜日の正午（彼は土曜日にはいつも、さらに悪化した）、彼に、非常に優しく、きみも年も取ってきたし、労働を短縮するのがいいかもしれない、とほのめかしてみた。つまり、十二時以降は事務所には来るにはおよばず、食事の後は間借りの家に帰ってお茶の時間まで休息すればよいだろう、ということだ。だが、駄目だった。彼は午後の献身にこだわった。彼は、堪えがたいほど顔つきが燃えさかり、部屋の向こうの端で長い定規を振って身振りをつけながら、演説さながらに私を説得しにかかった。いわく、もし朝の自分の勤務が有用なら、午後にもそれは不可欠ではないか、というのだった。

「恐縮ですが」と、そのときターキーは言った。「私は所長の右腕だと思っています。朝は隊列を揃えては展開させていますが、午後は私がみずから陣頭に立ち、敵陣に向かって勇敢に突撃するわけです。こうです！」——そう言うと、彼は定規で乱暴な突きを繰り出した。

「だがターキー、しみが」と私はほのめかした。

「そのとおり——しかし、失礼ですが、この髪をご覧ください！　私も年を取っています。暖かい午後にしみを一つや二つ作ったからと言って、ごま塩頭が厳しく叱責されるようなことはもちろん、あってはなりません。老年は——書類のうえにしみを落とすとしても——誉れ高いのです。失礼ですが、私たちは二人とも年を取っているのですよ。」

このように仲間意識に訴えられると、なかなか抵抗もできなかった。ともかく、彼に出て行く気がないことはわかった。そこで私は、彼をそのままいさせようと考えなおした。ただ、午後にはそれほど重要でない書類を扱わせることに決めた。

名簿の二人めのニッパーズは、頬髭を生やした、血色の悪い、どことなく海賊めいた見かけをした二十五歳ほどの若者だった。私は、彼が二つの悪の力の犠牲者であるとつねに思っていた——野心と消化不良である。野心のほうは、単なる筆写係の職務に満足できず、法律文書の原本の作成といった狭義の法律家の職業上の仕事を不当に簒奪するところに窺えた。消化不良のほうは、時々襲われる神経質な不機嫌さや、歯を剥き出しにして苛立つ様子に現れていて、筆写を間違えたときに聞こえるほど音を立てて歯ぎしりするのもそのせいだったと思われる。業務が熱を帯びてくると必要もない悪態をつくが、それは話し言葉というよりはしゅうしゅういう音だった。とくに、仕事に使っている筆記台の高さにはつねに不満をもっていて、それも悪態の種だった。機械に関しては非常に器用なところがあったにもかかわらず、ニッパーズはその台を自分に合わせることができずにいた。彼は台の下に、木ぎれ、各種の台木、ボール紙の切れ端などを詰め、ついには吸い取り紙の切れ端を折りたたんで絶妙の調整を図ろうとまでした。だが、どのような発明も応えてはくれなかった。たとえば、腰を楽にしようとして台を顎のほうまで鋭角に立ちあげて、まるでオランダ家屋の急な屋根を机に使っている人のようにして書くとする——そうすると、腕の血が止まってしまうと言うのだった。それではというので、台を腰のベルトのところまで低くして、そこに屈みこんで書くと、何だか腰が痛いということになるのだった。つまり、本当のところ、ニッパーズは自分が何を欲しているのかわかっていなかったのだ。いや、仮に彼が何かを欲していたとすれば、それは筆写台を厄介払いしてしまうことだった。また、彼の病的な野心の表明は、みすぼらしい上着を着た怪しい様子の連中が訪ねてくるのを喜んでいたというところからも窺える。彼はその連中を客だと言っていた。じつを言うと、私は気づいていたが、彼はその界隈の政治屋と見なされていることもあったばかりか、法廷でちょっとした商売をすることもあり、「霊廟」(3)の入口では顔を知られていなくもなかったのだ。しかし、信ずるに足る理由が私にはあるが、彼を訪ねて事務所に来た一人を、ニッパーズは自分の客だと大いばりで言い張ったが、それは借金取りに他ならず、権利証書だというものは請求書だったのだ。とはいっても、失敗も数多く、私の気に障ることも少なくなかったにせよ、ニッパーズもまた、同国人ターキーと同じく、私には非常に有用な男だった。丁寧かつ迅速に書いた。やろうと思えば、紳士ふうの態度を取っても不足はなかった。それに加えて、彼はいつも紳士ふうの服を着ていたので、事務所の信用にもつながった。それに対してターキーのほうは、彼に私の評判を落とされてはかなわないと、かなり苦労した。彼の服は油じみて見え、食堂のにおいをさせていることがあった。夏になると、彼の穿くズボンはゆるくぶかぶかになった。上着はひどいものだったし、帽子は手に負えなくなっていた。だが、私は帽子のほうには関心がなかった。雇われ者のイギリス人なので、生来の慇懃さと丁重さゆえに、彼は部屋に入ったその瞬間にかぶりものを脱いだからだ。だが、上着のほうは別問題だった。私は、上着について彼と話しあったが、何の効果もなかった。思うに、彼ほど収入の少ない男は、輝かしい顔と輝かしい上着を同時に見せびらかすゆとりなどなかったというのが本当のところだったのだろう。ニッパーズが指摘したことがあるが、ターキーの金は主として赤インクめいた例の飲みものに消えていたのだ。ある冬の日、私は、自分のもっていた立派な見栄えの上着をターキーに贈った。詰めものをした灰色の上着で、何とも快適に暖かく、膝丈の裾から首

(3) 一八三八年に完成したニュー・ヨークの拘置所。当時流行していたエジプト様式を採用し、エジプトの陵墓を連想させることからこの綽名が付いた。

のところまで一直線にボタンがついていた。私は、ターキーがこの好意を恩に着て、無分別で騒々しい午後の振る舞いを少しは控えてくれるのではないかと考えた。だが、そうはいかなかった。思うに、毛布のようにふかふかとした上着に包まれることは、彼に対して有害な効果を及ぼしたのだ。オート麦も多すぎると馬に良くないのと同じ原理である。事実、無分別で落ち着きのない馬がオート麦を食ってはしゃぎまわるように、ターキーも上着を着て得意になった。上着のせいで、彼は横柄になった。彼は、栄えると駄目になる人間なのだ。

ターキーの自分に甘い習慣については私は自分なりに私的な推測をしていたが、ニッパーズに関しては、彼は他にはいろいろと欠点があるにしても、少なくとも、慎みはある若者だと私は確信していた。だが、じつを言えば、自然おんみずからが彼のワイン商人になっていて、彼は生まれながらに、過敏な、ブランデーのような気質を徹底的に注ぎこまれたため、それから先はもう飲み足す必要がなくなっていたのだ。静穏なうちの事務所のただなかで、ニッパーズは時々、せっかちに椅子から立ちあがり、筆記台のうえにかがみこみ、両腕を大きく拡げて机全体を摑み、動かしたりがたつかせたりして、まるで筆記台がわざとひねくれたことをしてニッパーズの邪魔をしてうんざりさせようとしているというかのように、冷酷に引きずるような動きをすることがあった。そのような様子を考えると私には、ニッパーズには水割りブランデーなどは余計なものだということがはっきりとわかるのだ。

私にとって幸運なことに、原因が独特だった——消化不良だった——ために、ニッパーズの苛立ちと、それゆえの神経質が観察されるのは主として朝であり、午後には彼は比較的おとなしくなった。ターキーの発作がやってくるのは十二時になってからだったので、常軌を逸した二人の振る舞いと同時に渡りあわなければならないということは一度もなかった。二人の発作は衛兵のように交代した。ニッパーズの発作が当番のときは、ターキーの発作は非番だったし、その逆はそのまた逆だった。これは、この状況下では、自然のもたらした良い取り合わせではあった。

名簿の三人めのジンジャー・ナットは、十二歳くらいの少年だった。父親は御者で、息子が荷馬車にではなく判事席に座っているところを一目見て死にたいという野望を抱いていた。そこで父親は息子をうちの事務所に、使い走りや掃除をやる法律家見習いとして、週に一ドルの給金ということで送りこんできた。ジンジャー・ナットは小さな机をもっていたが、あまり使っていなかった。調べてみると、抽出のなかには各種のナッツの殻が勢揃いしていた。じつを言えば、頭の回転の速いこの少年にしてみれば、法律という高貴な学問もナッツの殻一つに収まってしまうようなものなのだった。ジンジャー・ナットは通常の仕事をこのうえなくてきぱきとこなしていたが、その他に、ターキーとニッパーズのために菓子やリンゴを調達するという職務も同様に請け負っていた。周知のとおり、法律文書を筆写するというのは無味乾燥な業務であり、うちの二人の筆生は、スピッツェンバーグでよく口を湿らせていた。これは、税関や郵便局のあたりにいくつも出る露店で手に入るリンゴである。また、二人はジンジャー・ナットに、あの独特な菓子――小さくて平べったい、非常に香ばしい丸菓子――を頻繁に買ってこさせた――それで、この菓子が少年の綽名になった。業務が沈滞している寒い朝など、ターキーはその菓子を、まるで何でもないウエハースであるかのように、何十個とむさぼり食って――じつのところ、一ペニーあれば六個か八個も買うことができた――、口のなかでぱりぱりするかけらを嚙み砕いて、ペンのきしむ音に添えた。火のように燃えたった午後にターキーが犯した失態やどたばたは数あるが、一度などは、そのジンジャー菓子を口唇のあいだで湿らせて、抵当証書に証印としてぴしゃりと貼りつけたこともある。そのときは、私ももう少しで彼を解雇するところだった。だが、彼は東洋風のおじぎをして、「恐縮ですが、自腹で文房具を見つけてくるあたり、私も寛大でした」などと言って、私の怒りを鎮めてしまった。

さて、私のもともとの業務――不動産譲渡証書作成、不動産権利証書の調査、難解な各種文書の作成――は、衡平法裁判所主事の職務を引き受けたことで目に見えて増加していた。筆生の仕事は大変なものになっていた。すでに私のところにいる事務員を急きたてなければならないのみならず、助力も追加しなければならない。私の出した広告に応じて、ある朝、事務所の敷居のところに、動きのない若い男が立った。夏だったので扉は開いていた。今でもあの姿が目に浮かぶ――蒼白なまでにきちんとした、哀れなまでに立派な、癒しがたいまでに見捨てられた姿！　バートルビーだった。

資格に関してわずかばかりの言葉を交わしてから、私は彼と契約を結んだ。筆生隊のなかに、これほど特異なまでに落ち着いた様子の男がいれば、ターキーの軽はずみな気質やニッパーズの燃えさかる気質に対して有益な作用があるのではないかと思ったのである。

言い遅れたが、所内は曇りガラスの折戸で二つの部分に分けられていた。一方は筆生たちが占めていて、他方は私が占めていた。気分によって、私はこの折戸を開けておいたり、閉めたりした。バートルビーにはその折戸のそばの、それも私寄りの側の片隅を割りあてることにした。何かちょっとしたことをしてもらわなければならないときに、この静かな男を容易に呼びつけることができるようにである。彼の机は、部屋の側面にある小窓に寄せて置いた。その小窓からはもともと、薄汚れた裏庭とレンガの景色が見えたが、その後建物が建ってしまったので、今では見晴らしはまったくなく、光が少し入ってくるだけになっていた。窓から三フィートも行けばそこはもう壁で、光ははるか上のほう、高くそびえる二つの建物のあいだから降りてきていた。ちょうどそれは、丸天井の非常に小さい明かり取りから光が降りてくるのと同じだった。配置をさらに満足のいくものにするために、私は、緑色の、背の高い折りたたみ式の仕切りを調達してきた。これでバートルビーは、私の声の届くところにありながら、完全に私の視界から除外されることになった。こうして、いわば、私的領域と社会とが結合したのである。

はじめ、バートルビーは並はずれた量の筆記をおこなった。それはまるで、何かを筆写したいという長年の飢えを充たすべく、私の書類をむさぼり食っているかのようだった。それを消化するための休息時間はなかった。彼は昼夜を問わず、日光のもとで、蠟燭の光のもとで筆写し続けた。彼が機嫌良く精勤に励むのであれば、私も彼の適任ぶりを喜んだにちがいない。だが、彼は沈黙して、蒼白に、機械的に書いた。

自分の筆写が正確であるかを一語一語確かめることは、もちろん、筆生の業務のなかでも不可欠な部分をなしている。事務所に二人以上の筆生がいるばあいは、彼らはこの点検を互いに助けあっておこなう。一人が筆写を読みあげ、もう一人は原本を手にもつのだ。退屈な、うんざりする、眠気を誘う仕事だ。たやすく想像がつくが、血の多い気質の持ち主には堪えられない仕事だろう。たとえばだが、血気盛んな詩人バイロンがバートルビーと一緒に満足げに腰掛け、縮こまった字でちまちまと書かれた五百ページの法律文書を点検するところなど、私には信じられない。

急ぎの業務があるときは、ターキーかニッパーズをその用件で呼びつけて、短い文書の照合に私自身も立ち会う習慣にしていた。バートルビーを仕切りの向こうの、私の手の届くところに置いたのには、一つには、そうしたつまらない用件をこなすのに彼を使えればよいということがあった。彼が私のところに来て三日めのことだったと思う。彼自身の書きものを点検する必要が生ずる前だったが、私は、手もとにあるちょっとした仕事をかなり急いでしあげようとしていた。そこで私は、唐突にバートルビーを呼んだ。急いでもいたし、当然のことながらすぐに従ってくれるものと期待してもいたので、私は腰掛けたまま、机のうえの原本に目を落として、筆写したほうの書類をもった右手を脇のほうにいささか神経質に伸ばしていた。そうすればバートルビーは、引きこもったところから姿を現して即座にそれをつかみ、いささかの遅滞もなく業務を遂行できるだろうと思ったのだ。

彼を呼んだとき、私はちょうどそのような姿勢で腰掛けていた。そして、彼にやってもらいたいことを早口で述べた——つまり、私と一緒にちょっとした書類を点検してほしい、と言ったのである。ところがバートルビーは、自分の私的領域から動くこともなく、特異なまでにおとなしくも堅固な声で「しないほうがいいのですが」と応えた。そのときの私の驚き、いや狼狽を想像していただきたい。

しばらくのあいだ私は完全な沈黙のまま座りこみ、衝撃を受けて言うことをきかなくなった自分の諸能力を回復させようとした。すぐに私が思ったのは、自分の耳が私を欺いたか、さもなければバートルビーが私の言わんとしたことを完全に誤解したかのどちらかではないかということだった。私は、可能なかぎりの明瞭な口調で、自分の頼みを繰り返した。しかし、同じくらい明瞭な口調で、「しないほうがいいのですが」という同じ応答が返ってきた。

「しないほうがいい？」と私はおうむ返しに言い、すっかり興奮して立ちあがり、大股に部屋を横切った。「どういう意味だ？　頭がいかれたのか？　この書類を照合するのを手伝ってほしいんだ——ほら」と言って、私は書類を彼のほうに突き出した。

「しないほうがいいのですが」と彼は言った。

私はまじまじと彼を見た。彼は細面だった。灰色の目はどんよりと落ち着いていた。心の動揺を表す皺は一本もなかった。彼の振る舞いに居心地の悪い様子や怒りや苛立ちや生意気なところが少しでもあったなら、つまり、彼に普通の人間らしいところが少しでもあったなら、私は事務所から彼を乱暴に解雇してしまったにちがいない。だが、このような状況だったので、事務所に置いてあるキケロの蒼白な石膏像のほうを戸外に放り出すことをすぐに考えたほうがいいというありさまだった。私はしばらくのあいだ立ったまま、彼が自分の書きものを続けるのを凝視して、それから自分の机のところに戻って腰掛けた。非常に奇妙だ、と私は思った。どうするのが一番いいか？　だが、私は業務に急かされていた。私は、このことはとりあえず忘れて、いつか暇になったときのために取っておくことにした。そこで私は隣の部屋からニッパーズを呼んだ。書類の点検はすぐに終わった。

それから二、三日が過ぎて、バートルビーは長々しい書類を四つ書き終えた。衡平法高等裁判所において私の前でなされた一週間ぶんの証言の写しを四つ作成したのである。それを点検しなければならなくなった。重要な訴訟だったので、本当に正確でなければならなかった。すべてを整えたうえで、私は隣の部屋からターキー、ニッパーズ、ジンジャー・ナットを呼んで、四人の事務員にそれぞれ写しを一つずつもってもらって、私は原本を読むつもりだった。ターキー、ニッパーズ、ジンジャー・ナットはしかるべく一列に腰掛け、それぞれ手に書類をもった。そこで私は、この興味深い集団に加わるようにとバートルビーを呼びつけた。

「バートルビー！　早くしてくれ、待っているんだ。」

彼の椅子の脚が、絨毯の敷かれていない床をゆっくりとこするのが聞こえ、まもなく隠れ家の入口に立ち姿が現れた。

「お望みは何ですか？」と彼はおとなしく言った。

「写し、写し」と私は急いて言った。「写しを点検するところなんだ。ほら」――と言って、私は四つめの写しを彼のほうに突き出した。

「しないほうがいいのですが」と彼は言った。そして、仕切りの向こうに穏やかに姿を消した。

わずかのあいだ私は、着席している事務員たちの列柱の先頭に立つ塩の柱になった。[4] 気を取りなおして、私は仕切りのほうに進み、なぜそのような尋常ならざる振る舞いに及ぶのか、理由をたずねた。

「なぜ拒むんだ？」

（4）『旧約聖書』の「創世記」第十九章はソドムという名の都市の滅亡を物語るが、そこから逃げ出したロトが後ろを振り返ったために塩の柱になったという一節がある。

「しないほうがいいのですが。」

他の人に対してであれば、私は恐ろしい激情へと即座になだれこみ、これ以上に言葉を用いることを拒絶し、そいつを私の目の前から追い出して面目をつぶしてやったにちがいない。だが、バートルビーには何か、私の武装を奇妙にも解いてしまうような、のみならず不思議に私の気に触れ、狼狽させるところがあった。私は彼に理を説きにかかった。

「今、点検しようとしているのは、きみ自身のやった写しだよ。きみの仕事の手間も省ける。一回の点検で、自分のやった四つの書類が片づくんだから。こうするのが普通なんだ。筆写係は誰でも、自分のやった写しの点検をするものだ。違うか？　喋らない気か？　返答しなさい！」

「しないほうがいいのです」と、彼は横笛のような口調で応えた。私が話しかけているあいだ、彼は私の言ったことについて注意深く思いめぐらせているように見えた。意味は完全に理解し、その抗いがたい結論に反論することはできないが、同時に、何か卓絶した考察ゆえにそのように応えるべく強いられているようだった。

「それでは、私の頼みには従わないと決めているんだな――慣例と常識にしたがって頼んでいることなのに？」

彼は、その点については私の判断はもっともだということを、簡単に認めた。それでも、決定は翻すことはできないというのだ。

先例のない、乱暴なまでに理不尽なしかたでやりこめられると、当然きわまる信念までも揺らぎだすということがよくある。驚くべきことだが、いわば正義のすべて、理のすべてが向こう側にあるのではないかとぼんやり思われてくるのだ。したがって、第三者がその場にいるなら、自分のふらつく気持ちを補強しようとして、その人々へと向かうことになる。

「ターキー」と私は言った。「どう思う？　私は正しくないだろうか？」

「恐縮ですが」とターキーは何とも柔和な口調で言った。「所長は正しいと思います。」

「ニッパーズ」と私は言った。「きみはどう思う？」

「事務所から蹴り出してやるべきだと思います。」

（勘の良い読者はお気づきだろうが、朝のことだったので、ターキーの返答は礼儀正しい平静な言葉づかいだったが、ニッパーズの応答は不機嫌だったわけだ。言いなおせば、ニッパーズの醜い気質が当番で、ターキーのほうは非番だった。）

「ジンジャー・ナット」と私は言った。どんなに小さな一票でも自分の側につけたかったのだ。「きみはどう思う？」

「そうですね、彼は少し気が違ってるんだと思います」とジンジャー・ナットはにやにや笑いながら応えた。

「聞こえるか」と私は、仕切りのほうを向いて言った。「こっちに来て、職務をやってくれ。」

だが、彼は何の応答ものたまわなかった。一瞬、私はひどく当惑し、思案に暮れた。だが、今度も業務に急かされた。この板挟みの考察は、いずれ暇になったときのために日延べすることにした。少しばかり厄介ではあったが、私たちはバートルビー抜きで書類の点検を終わらせた。とはいえ、一ページか二ページごとに、ターキーは、このような方式はまったく普通ではない、と丁重に意見を洩らし、ニッパーズのほうは消化不良の神経質ゆえに椅子に座ったまま痙攣し、仕切りの向こうの強情な頓馬野郎に対して、歯をきしらせながらしゅうしゅうと悪態をついた。彼（ニッパーズ）にしてみれば、金ももらわずに他人の業務をやるのはこれが最初で最後だ、というのだった。

そのあいだ、バートルビーは隠れ家のなかに腰掛け、自分の独特な業務以外のすべては関知しない様子だった。

数日が過ぎた。この筆生はそのあいだ、また別の長々しい仕事に専念していた。先般の注目すべき振る舞いがあったので、私は彼のやりかたをつぶさに見るようになった。私は、彼がけっして食事に行かないことに気がついた。じつを言えば、彼はどこにも行かなかった。私の知るかぎりでは、それまでのところ、彼が事務所の外に出たことはまったくなかった。彼は、事務所の片隅を絶えず護る衛兵だった。朝も十一時ごろになると、ジンジャー・ナットがバートルビーの仕切りの隙間に向かうことに私は気がついた。私の腰掛けているところからは見えない身振りで音もなく呼ばれているようだった。すると、少年は数ペンスをじゃらじゃら言わせながら事務所を出て、ふたたび姿を現すときには手にいっぱいのジンジャー・ナットをもっていた。それを隠れ家に届け、使い走りの駄賃にこの菓子を二つ受け取った。

ということは、彼はジンジャー・ナットを食べて生きているわけだ、と私は考えた。いわゆるきちんとした食事はまったく食べていない。菜食主義者にちがいない。いや、野菜すら食べていない。ジンジャー・ナット以外は何も食べていない。そこで私の心は、もっぱらジンジャー・ナットを食べて生きると人体にどのような影響がありそうかという夢想へと向かった。ジンジャー・ナットがそう呼ばれるのは、ジンジャーが独特な成分として含まれていて、最後の味つけになっているからである。さて、ジンジャーとは何か？　辛い、香ばしいものである。バートルビーは辛く、香ばしいだろうか？　全然。とすれば、ジンジャーはバートルビーに何の影響も及ぼしていなかったわけだ。おそらく、彼はジンジャーが何の影響も及ぼさないほうがいいというわけだろう。

受動的抵抗ほど、真面目な人を苛立たせるものもない。そのような抵抗を受けた個人が不人情な気質でなく、抵抗している側の受動性が完全に無害なものなら、抵抗を受けている側も機嫌さえ良ければ、自分の判断の示すところからは解決のつかないことであっても、自分の想像力で解釈しようと慈悲深く努めるだろう。私はバートルビーと彼のやりかたを、おおかたそのように見なしさえしたのだ。哀れなやつだ！と私は思った。彼に悪気はない。明らかに、彼は尊大になるつもりはまったくない。彼の様子から充分に示されるが、常軌を逸した彼の様子も、わざとではない。私にとって彼は有用だ。彼とはやっていける。私が彼を放り出せば、これほど寛大でない雇用者のところに行ってしまうかもしれない。そうすると、彼は粗末に扱われ、悲惨にも追い出され、飢え死にすることになるかもしれない。そうだ。今なら、私も甘美な自己満足を安く購うことができる。バートルビーの友人となり、彼の奇妙な強情さと調子を合わせたところで、私が支払うものはほんのわずかか、何もないかだが、それによって私が魂に蓄えるものは良心にとっては甘美だろう。しかし、私がいつもそのような気分だったわけではない。バートルビーの受動的な様子に苛立つこともあった。私は奇妙にも、彼と新たな対立関係に入りたい、私の怒りに見合う怒りの火花を彼から引き出したい、という気持ちに突き動かされた。しかし、じつを言えば、ウィンザー石鹸のかけらでも殴りつけて火を起こそうとしたほうがよかったのだ。だが、ある日の午後、自分のなかの邪悪な衝動が私を支配し、以下のちょっとした光景が繰り広げられた。

「バートルビー」と私は言った。「その書類が全部筆写し終わったら、一緒に照合しよう。」

「しないほうがいいのですが。」

「何だって？　いつまでも騾馬みたいに強情な気まぐれにこだわるつもりじゃないだろう？」

返答はなかった。

私はそばにあった折戸を開け放ち、ターキーをニッパーズのほうを向いて叫んだ。「バートルビーがまた、自分の書いた書類を点検しないと言っている。どう思う、ターキー？」

忘れないでおいていただきたいが、午後だった。腰掛けているターキーは真鍮のボイラーのように照り輝き、禿頭は湯気を立て、両手は、しみのついた書類のあいだをゆらゆらと動いていた。

「どう思うって？」とターキーは吼えた。「私なら、やつの仕切りの向こうに踏みこんで、目のまわりに痣でも作って思い知らせてやりますよ！」

そう言うと、ターキーは立ちあがり、両腕を拳闘家のように構えた。彼はさっそく約束を果たそうと走りだした。そのとき、私はようやく、食事の後のターキーの闘争心を不注意にも目醒めさせてしまったことに気づいて、彼を引きとめた。

「座ってくれ、ターキー」と私は言った。「ニッパーズが何と言うか聞いてみたまえ。どう思う、ニッパーズ？　すぐにバートルビーを解雇しても私は悪くないのではないか？」

「失礼ですが、それを決めるのは所長ですよ。彼の振る舞いはまったく普通でないし、ターキーや私自身のことを考えれば、じつのところ不当だとも思います。ですが、それもちょっとした気まぐれかもしれません。」

「ああ」と私は叫んだ。「奇妙なぐあいに気が変わったんだな——彼に対してずいぶん穏やかな口をきくね。」

「全部ビールのおかげですよ」とターキーは叫んだ。「穏やかになるのはビールの効果です——ニッパーズと私は今日、一緒に食事をしました。この私がどれだけ穏やかになっているかおわかりでしょう。あそこに行って、やつの目に痣を作ってやりましょうかね？」

「バートルビーのことを言っているのか。いや、今日はやめてくれ、ターキー」と私は応えた。「頼む、そのげんこつをしまってくれ。」

私は折戸を閉め、あらためてバートルビーのほうに進んだ。私は、自分を運命へと誘惑するさらなる刺激を感じた。私は、またもや反抗されるだろうと思い、燃えたった。私は、バートルビーがけっして事務所を離れないということを憶い出した。

「バートルビー」と私は言った。「ジンジャー・ナットは外出中だ。郵便局までちょっと行ってきてくれるね？（郵便局は徒歩でほんの三分のところにあったのだ）私宛のものが何か届いていないか見てきてくれないか？」

「しないほうがいいのですが。」

「したくないのか？」

「しないほうがいいのです。」

私はよろよろと机に戻り、そこに腰掛けて深々と思案した。私の盲目的な執念深さが戻ってきた。細身で無一文のこの輩——私の雇っている事務員——にやりこめられて面目を失うために、他にどのようなことができるだろう？ 完全に道理にかなっていながら、彼ならば明らかに拒否するだろうことが、何か他にないだろうか？

「バートルビー！」

返答はなかった。

「バートルビー」と、もう少し大きな声で呼んでみた。

返答はなかった。

「バートルビー」と私は吼えた。

正真正銘の亡霊のように、魔術を用いた召喚の法にしたがって、三回めの呼び出しで、彼が隠れ家の入口に姿を現した。

「隣の部屋に行って、ニッパーズにここに来るように言ってくれ。」

「しないほうがいいのです」と彼は丁寧にゆっくりと言い、おとなしく姿を消した。

「よろしい、バートルビー」と、落ち着いた、厳しい、冷静な口調で私は静かに言い、いずれ近いうちに何か恐ろしい報復をしてやるという不変の決意をほのめかした。そのときは、その種のことを半ば考えていたのだ。だが、つまるところ、食事の時間も近づいていたので、今日のところは、心の当惑と悩みにひどく苦しみながらも、帽子をかぶって帰宅するのが最善だと考えた。

認めてしまうことにしようか？ この厄介事全体の結末はこうである。まもなくして、以下のことが事務所の固定的な事実となった。バートルビーという名の蒼白な若い筆生が私の事務所に机をもっていて、一フォリオ（百単語）四セントという普通の歩合で私のために筆写をするが、自分のした仕事を点検することはいつも免除され、その点検の職務は、ターキーやニッパーズのほうがお世辞抜きに明らかにより正確だということで二人にまわされる。さらに、いかに些細な使い走りであろうと、バートルビーはけっしてやろうとはしない。そのようなことを懇願されても、彼にとってそれはしないほうがいいということ――言い換えれば、彼が端的にそれを拒否するということ――を誰もが理解している。

　日が経つにつれて、私は相当にバートルビーと折り合いをつけられるようになった。彼が着実であるところ、あらゆる気晴らしから自由であるところ、休むことなく勤勉であるところ（仕切りの向こうに立ったまま夢想にふけるときは例外だが）、素晴らしいまでに静穏であるところ、いかなる状況下でも物腰が変わらないところ、そのような点からすると、彼は価値ある掘り出しものと言えた。そして、最良のことは次のとおり――彼はつねにそこにいる、ということだ。朝もいて、日中もずっといて、夜もいるのだ。私は、彼の誠実さに対して、ある特異な信頼感を覚えた。私は、自分の最も大切な書類が彼の手のもとにあっても安心だった。もちろん、彼に対して突然、痙攣的な激情に駆られることもありはした。というのも、事務所に残るにあたってバートルビーの側がもちだしてきている暗黙の契約条項となっているあの奇妙な癖や特権や前代未聞の義務免除の数々をすべて記憶にとどめておくのは、ひどく困難だったからだ。時々、差し迫った業務を片づけてしまいたくて、ついうっかりバートルビーを短く早口で呼びつけてしまうことがあった。たとえば、いくつかの書類をまとめるから赤い紐の端を押さえていてほしい、といった用件だ。もちろん、仕切りの向こうからは「しないほうがいいのです」といういつもの返答が必ずや返ってきた。本性上脆弱なところを共通にもっている人間が、そのようなひねくれたこと——そのような道理にかなわないこと——を前にして、苦々しげに叫ぶのを控えることなど、どのようにすればできるというのか。だが、この種の撃退を受けるたびに、私はついうっかり彼を呼ぶのを繰り返す回数が減っただけだった。

ここで言っておかなければならないが、人口の密集した法律事務所ビルに仕事場をもつ法律家のほとんどがおこなっている習慣にしたがって、事務所の扉には合い鍵がいくつかあった。一つは、屋根裏部屋に住んでいる女性がもっていた。この女性は週に一回、事務所の部屋の床を磨き、日に一回掃き掃除とごみ捨てをする。また別の一つは、便宜上ターキーがもっていた。三つめは、私が自分のポケットに入れてもち歩くことがあった。四つめは、誰がもっているのか私は知らなかった。

さて、ある日曜日の朝、ふと、ある有名な説教師の話を聞こうとトリニティ教会に出かけたが、かなり早く着いてしまったので、そのあいだ、事務所まで歩いてみようと思った。運よく、鍵はもっていた。だが、鍵穴に差しこもうとすると、内側から何かが差しこんであって入らなかった。私は非常に驚いて、大声で叫んだ。すると、仰天したことに、鍵が内側からまわって、幽霊のようなバートルビーが扉を少しだけ開け、細面をぬっと突き出して姿を現した。シャツ姿で、奇妙にもぼろ服を着流していた。彼が静かに言うには、申しわけないが、今はかなり取りこんでいて——今のところは私を入らせないほうがいい、というのだった。彼は一、二言さらに言い足して、おそらく私はそのへんを二、三回歩きまわるほうがよく、そのあいだには自分も用事を終えているだろうというのだった。

さて、死体めいた紳士然とした、そのうえ堅実かつ冷静な無頓着《ノンシャラン》さで、日曜日の朝に私の法律事務所に仮住まいをしているバートルビーが、まったく思いがけず姿を現したことが、私に奇妙な影響を及ぼした。私は自制を失い、自分の事務所の扉の前からお望みどおりに逃げだしたのだ。だが、この得体の知れない筆生の示すおとなしいずうずうしさを前にして、種々の無力な反抗心のうずきがなかったわけではない。じつを言えば、私の武装が解かれ、のみならず私がいわば男の面目をつぶされたのは、彼の不思議なおとなしさが主たる原因なのである。自分の雇っている事務員が自分に向かって指図をしたり、自分に向かって所内から出て行けと命令したりするのに平静に従うのは、男の面目をつぶされることではないかと私は思う。それに、日曜日の朝に、シャツ以外はまともに服も着ていないような恰好で、事務所でバートルビーがいったい何をしていたのかと思うと、私はまったく居心地が悪かった。何かまずいことでもやらかしているところなのだろうか？　いや、それはありえない。バートルビーが不道徳な人物だなどとは、一瞬たりと考えるべきではない。では、何をしているというのか？　――筆写だろうか？　いやいや、バートルビーは、常軌を逸しているところがあるとはいえ、並はずれて謹厳な人物だ。裸同然の状態で机に向かって腰掛けるなど、一番やりそうもない。そもそも、日曜日だ。この日の作法を世俗的な仕事によって犯すなどという想定を許さないところがバートルビーにはあった。

しかしながら、私の心は和まなかった。落ち着かない好奇心で一杯のまま、私は扉の前に戻ってきてしまった。障害もなく鍵が入り、扉を開け、なかに入った。バートルビーの姿は見えなかった。私は心配になって見まわし、彼の仕切りの向こうを覗きこんだ。だが、彼が出て行ったことは明らかだった。さらに細かく調べてから私が推量したのは、期間ははっきりしないが、バートルビーが事務所で食べ、身だしなみを整え、眠っていたにちがいないということ、それも、皿も鏡も寝台もないのにそうしていたということだった。片隅に置かれているがたぴしした古いソファの座部にはクッションが入っていたが、細いものがもたれかかったあとがわずかに残っていた。彼の机の下からは、丸まった毛布が見つかった。空っぽの暖炉には靴墨の箱とブラシがあった。椅子のうえにはブリキの洗面器があり、石鹼とぼろタオルが入っていた。新聞紙のなかからは、ジンジャー・ナットの食べくずが少しとチーズが一かけら見つかった。そうだ、バートルビーがここを自宅にして、一人で独身生活を営んでいたことは充分に明らかだ、と私は思った。するとすぐさま、ある考えがさっとよぎった。

ここには、何と悲惨な寄る辺なさ、寂しさが啓示されていることか！　たしかに、彼の貧しさは相当なものだ。だが、彼の孤独は、何と恐ろしいことか！　考えてみてほしい。日曜日は、ウォール街はペトラ[5]のように人気が絶える。また、日を問わず、夜はいつも空虚である。建物も、週日であれば精勤と生のうなりをあげているが、日暮れにはまったくの空虚がこだまして、日曜日は一日じゅう見捨てられている。ここをバートルビーは自宅にしているのだ。彼こそ、かつて人口密集だったところで孤独を見つめるただ独りの観客だ——いわば、カルタゴの廃墟を思いにふけりながら歩きまわるマリウス[6]が無垢な者に姿を変えて現れたのだ！

　私は生まれてはじめて、圧倒的な憂鬱感にとらわれ、ちくちくとさいなまれた。それまで経験していたのは、不快でもない悲しみでしかなかった。それが今や、彼も私もともに人間だという結びつきが、否応なく私を暗澹とした気持ちに引きずりこんだ。兄弟だということの憂鬱！　私もバートルビーもアダムの息子なのだ。私はその日目にした輝く絹ときらめく顔のことを憶い出した。彼らは晴れ着を身にまとい、ミシシッピ河を泳ぎ下る白鳥のようにブロードウェイを歩いていた。私はその彼らと蒼白な筆写係を引き比べ、考えこんだ。ああ、幸福は光を追い求める。だから私たちは、世界が陽気なものと思ってしまう。ところが、離れたところには悲惨が姿を隠している。だから私たちは、悲惨などないものと思ってしまう。このような悲しい夢想は——病んだ莫迦げた脳味噌の生んだ妄想に間違いないが——、バートルビーの常軌を逸した振る舞いについての、さらに特別な考えへと向かった。奇妙な発見をしてしまうという予感が宙を漂った。彼のことなど気にも留めない見知らぬ人々のあいだにあっては、筆生の蒼白な姿は、ぞっとするような屍衣を着ているように見えた。

私は突然、バートルビーの机に惹きつけられた。抽出は閉まっていたが、鍵が鍵穴に入ったままになっているのがはっきり見えた。

悪いことをするつもりはないのだ、薄情な好奇心を満たそうというのではない、と私は思った。そもそも、机は私のものだし、中身も私のものだ。なかを見てしまおう。すべてはきちんと整頓されていて、書類も丁寧に置かれていた。小仕切りは奥が深かった。私は書類の束を取り出して、その奥を探った。やがて何かが手に当たったので、引っ張りだした。それは古いバンダナで、重さがあり、結び目がつくられていた。開けてみると、それが貯金箱であることがわかった。

私は、これまで注目してきたこの男の静かな神秘の数々を、今やすべて憶い出した。私が憶い出したのは、彼がけっして自分からは語らず、返答するだけだということ、自分の自由

（5）ヨルダンにある古代遺跡。
（6）古代ローマの執政官（BC一五五‐八六）。後年、ローマを追われ、当時すでに廃墟と化していたカルタゴに逃れている。

になる時間がたくさん取れることもあるのに、彼が何かを——新聞でさえ——読んでいるのを見たことがないこと、彼が仕切りの向こうの蒼白な窓から行き止まりのレンガ壁を見て長いあいだ立ったままでいることであった。彼が一度も食堂や料理屋に行ったことがないのはまず確実だったし、彼がターキーのようにビールを飲んだことが一度もないのみならず、他の男たちのように茶やコーヒーを飲んだことさえ一度もないことは、彼の蒼白な顔を見れば明らかだった。私の知るかぎり、彼はどこかきまったところに行くということもけっしてない。今でこそ出かけているが、散歩に出るということもなかった。自分が何者なのか、どこから来たのか、どこかに親戚がいるのかといったことも教えてくれようとはしなかった。これほど痩せ細って蒼白なのに、病気だと不平を漏らすこともない。何よりも憶い出されたのは、彼にはいわば蒼白な——何と呼ぼうか？——蒼白な傲岸さというか、厳粛な自制といったものが無意識のうちに雰囲気として備わっていて、それで私は畏怖を覚えて、彼の常軌を逸したところにも唯々諾々と従うようになっていたということだ。長いあいだ動きがないことから、彼が行き止まりの壁に向かって立ち、例の夢想にふけっているにちがいないということがわかっていても、私は、ほんのちょっとしたことでも手を貸してほしいと彼に頼むことが怖かった。

こうしたことを思いめぐらし、また、彼がうちの事務所を永住の地としていたという発見されたばかりの事実もあわせて考え、彼の病的な暗さも忘れずに考えあわせたところ、私は、慎重を期さなければという気になってきた。最初の感情は、純粋な憂鬱感と嘘偽りのない哀れみの感情だったが、バートルビーの見捨てられた様子が私の想像のなかでどんどん大きくなっていくにつれて、その憂鬱感が恐怖へ、哀れみが反発へと移っていった。じつに真実、またじつに恐ろしいことだが、悲惨のことを考えたり、悲惨を目にしたりすると、ある点までは私たちの最良の情感が呼び覚まされるが、ある特別な事例では、その点を越えてしまって、そうもいかなくなることがある。そんなことは人間の心の内にある利己心のせいにきまっているなどと断言するのは間違っている。むしろそれは、いわば、過剰な器質性の疾病を治そうとしてもどうすることもできないということによる。感受性の鋭い人にとっては、哀れみが苦痛であることも少なくない。そのような哀れみが有効な助けにはなりえないということがわかると、常識は魂に向かって、哀れみなどは厄介払いしてしまえと言うのである。私がその朝目にしたものは、筆生が先天的な不治の障害の犠牲者だということを私に納得させるものだった。私は彼の身体にであれば施しを与えよう。だが、彼の身体は彼に苦痛を与えてはいなかった。苦しんでいるのは彼の魂であり、そこには私も手が届かなかった。

その朝、私はトリニティ教会に行くという用件を果たさなかった。自分の目にしたものが、私から教会に行く資格をしばらくのあいだ、どういうわけか奪ってしまったのだ。私は家に向かって歩きながら、バートルビーをどうしようかと考えた。結局、次のようにすることにした――明日の朝、彼の来歴などについて和やかな質問をしてみて、彼が明らかに遠慮がちに返答を断るなら（私の想定では、彼は回答しないほうがいいと言うだろうが）、給金に加えて二十ドルを彼に与えて、きみの勤めはもう必要ないと言うのだ。だが、手助けできることが他にあれば喜んでしてあげるし、とくに生まれ故郷に帰りたいのであれば、それがどこであろうと、費用の支払いに喜んで手を貸すし、さらに、帰り着いてからも助けが必要なら、いつでも手紙一通もらえれば確かに応答するとも言おう。

次の日の朝が来た。

「バートルビー」と私は、仕切りの向こうにいる彼に穏やかに呼びかけて言った。

応答はなかった。

「バートルビー」と私は、さらに穏やかな口調で言った。「ここに来てくれ。きみがしないほうがいいと思うことなど、何も頼むつもりはない——きみと話がしたいだけなんだ。」

すると、彼は音も立てずに姿を現した。

「バートルビー、きみがどこで生まれたのか、言ってくれるか？」

「しないほうがいいのですが。」

「きみ自身について、何でもいいいから言ってくれるか？」

「しないほうがいいのですが。」

「私と話をするのに、どんな道理の通った異論があるというんだ？　私はきみの友人のつもりなのに。」

私が話しているあいだ、彼は私のほうを見なかった。彼のまなざしは、座っている私のちょうど背後、私の頭の六インチほど上方にあるキケロの胸像にじっと注がれていた。

「きみの返答はどうだ、バートルビー?」と私は、かなりの時間、応答を待ったすえに言った。そのあいだ、彼の表情は不動だったが、ただ、白く細い口が、わかるかわからないほどに震えていた。

「今のところ、何の返答もしないほうがいいのですが」と彼は言い、隠れ家に引きさがった。

私はかなり軟弱だったと認めよう。だが、今回の彼の振る舞いにはさすがの私も苛立った。彼の振る舞いには一種の軽蔑が隠れているように思えたし、のみならず、彼のひねくれぶりも、私から受けてきた良い待遇や寛大な処遇が否めないことを考えれば、恩知らずなものに思えた。

私はまた腰を下ろし、何をすべきか反芻した。彼の行動には悔しい思いをさせられていたし、事務所に入ったときには彼を解雇してやろうと心に決めてもいたが、奇妙なことに、何か迷信めいたものが私の心の扉を叩き、その用件を遂行することを禁じるのが感じられた。その迷信めいたものは、人類のなかでも最も見捨てられたこの男に対して私が一語なりときつい言葉を吐きかけようものなら、私のことを下司野郎と罵倒しようというのだった。私は結局、自分の椅子を彼の仕切りのほうに親しげに引っ張っていき、腰を下ろして言った。

「バートルビー、それなら、きみの来歴については何も明かさなくてもいい。だが、友人として頼みたいんだが、この事務所のいろいろな慣例にはできるだけ従ってもらいたいんだ。さあ、明日かその次には、書類を点検する助けになってくれると言ってくれ。つまり、明後日あたりまでには、少しは道理をわきまえるようになると言ってくれ——そう言ってくれよ、バートルビー。」

「今のところは、少しは道理をわきまえるようにはならないほうがいいのですが。」これが、彼のおとなしくも死体めいた応答だった。

ちょうどそのとき、折戸が開いてニッパーズが近づいてきた。ふだんより激しい消化不良のせいで、いつになく寝醒めが悪いようだった。彼はバートルビーの口にした言葉の最後のいくつかを耳にしたのだ。

「しないほうがいいって？」とニッパーズは歯をきしらせて言った。「私が所長なら、こんなやつはその筋にでも突き出すほうがいいと思うところですよ」と私に向かって言った。「こんなやつはその筋にでも突き出してやるほうがいいんですよ。これがいいというお望みの鞭を食らわせてやればいいんだ、こんな強情な騾馬野郎！　やつは今度はいったい、何をしないほうがいいというんです？」

バートルビーは手足一つさえ動かさなかった。

「ニッパーズくん」と私は言った。「今のところ、きみは引っこんでいてくれるほうがいいのですが。」

どういうわけか私は最近、わざとではないのに、この「ほうがいい」という言葉を、正確にはそれに適さない機会にもすべて用いるようになってしまっていた。この筆生と接触したことで自分が心理面ですでに重大な変質を被ってしまったと考えて、私は震えあがった。この先、さらに深刻な迷錯が何か起こらないと言えるだろうか？　この懸念は、即座に措置を講じる決心をするにあたって、効果がなくはなかった。

ニッパーズがむっつりと不機嫌な様子でその場を離れようとしたとき、ターキーが柔和かつ丁重に近づいてきた。

「恐縮ですが」と彼は言った。「私は昨日、このバートルビーのことを考えていたのですが、彼が毎日、出来のいいエールを一クオート飲むほうがいいと思えば、彼もずいぶん良くなって、自分の書類を点検するのに立ち会うことができるようになると思うのです。」

「きみもその言葉を使ったな」と私は、少しばかり興奮して言った。

「恐縮ですが、何の言葉のことですか？」とターキーは訊ね、仕切りの向こうの狭苦しい空間に丁重に体を押しこんできたので、私は筆生と体を押しつけあうことになった。「何の言葉のことですか？」

「私はここで独りにしておいていただけるほうがいいのですが」とバートルビーが言った。まるで、自分の私的領域が暴徒によって占められ損なわれたというかのようだった。

「あれのことだよ、ターキー」と私は言った。「あの言葉だ。」

「ああ、ほうがいい、ですか？　そうですね――変な言葉だ。私は自分ではけっして使いませんよ。ただ、申しあげたとおり、彼がただその、飲むほうがいいと思ってくれさえすれば――」

「ターキー」と私は言葉を遮った。「頼むから引っこんでいてくれないか。」

「ああ、いいですとも。そうすべきであるほうがいいとおっしゃるなら。」

彼が折戸を開けて引きさがろうとしたとき、自分の席に着いていたニッパーズが私をちらりと見て、この書類は青い紙に筆写するほうがいいか、白い紙にするほうがいいかと訊ねた。「ほうがいい」という言葉をふざけて強調する様子はまったくなかった。この言葉がわざとではなく彼の舌から転がり出たことは明らかだった。私は考えこんだ。すでにある程度まで私自身と事務員たちの頭を、とは言わずとも舌を歪めてしまったこの狂った男を、厄介払いしなければならない。だが私は、すぐには解雇に取りかからないのが慎重だろうと考えた。

次の日、私は、バートルビーが何もせず、ただ窓の外の行き止まりの壁を見つめて夢想にふけっているのに気づいた。なぜ書かないのかと訊ねると、彼は、もう書かないことに決めたのだと言った。

「なぜだ、どうしてだ？　それでこの先どうするんだ？」と私は叫んだ。「もう書かないだって？」

「もう書きません。」

「何が理由だ？」

「理由はご自分でおわかりではないですか？」と彼は無関心に応えた。

私は彼をじっと見て、彼の目がどんよりと曇って見えるのに気づいた。すぐに思いついたのは、私のところにいるようになってからの数週間、薄暗い窓際で例を見ないほどの精勤で筆写に励んだために、視力が一時的に害されたのではないかということだった。

私は胸を突かれた。私は何か、慰撫するようなことを彼に言った。しばらく書かずにいるのももちろん賢明だとほのめかし、これを機に、野外で健康にいい運動に取り組んでみてはどうかと促した。だが、彼はそうしなかった。それから数日後、事務員たちが誰もいないときに、郵便で手紙を何通か急いで出さなければならなかった。そこで私は、バートルビーは何か他にやらなければならないわけでもないのだから、いつもほど頑固ではないにちがいないだろうし、手紙を郵便局までもっていってくれるだろう、と考えた。だが、彼はきっぱりと断った。そこで、非常に不便だったが、私は自分で行った。

さらに数日が過ぎた。バートルビーの目が良くなったかどうか、私にはわからなかった。見たところでは良くなったようだと私は思った。だが、目が良くなったかと訊ねると、彼は何の返答ものたまわなかった。ともかく、何も筆写しようとしないのだ。ついに、私がしつこく訊ねるのに応えて、もうこの先ずっと筆写はやめたのだと私に告げた。

「何！」と私は叫んだ。「きみの目が完全に良くなったとして――かつてなく良くなったとして――それでも筆写をしないというのか？」

「筆写はやめました」と彼は返答し、横に抜けていった。

彼は今までどおり、私の部屋の備品のままだった。いや――万が一そんなことがありうるならだが――彼は、以前よりましてさらに備品じみてきた。何をすべきか？ 事務所にいても彼は何もしようとしない。それなら、なぜ事務所にそのままいなければならないのか？ 明らかに、今や彼は私にとっては石臼になってしまった。首飾りにも使えないのみならず、もちあげているのさえ苦痛だ。だが、彼がかわいそうだった。彼のせいで私が居心地の悪い思いをしていたと言えば、それは真実ではない。彼が一人でも親戚や友人の名を挙げてくれれば、私はすぐにでも手紙を書き、この哀れなやつを引き取ってどこか安楽なところに引きこもらせてくれと説き伏せたところだ。だが、彼は独りきり、それも天涯孤独のようだった。大西洋のまんなかに浮かぶ難破船の破片だ。つまるところ、私の業務にかかわる必要の数々によって、他の考慮はすべて却下された。私はバートルビーに向かって、可能なかぎり上品に、あと六日のあいだに、事務所を無条件に出て行かなければならない、と言った。そのあいだにどこか他の住居を調達するようはからえと警告した。彼が移転に向けて第一歩を踏み出そうというのなら、その努力には手を貸そうと申し出た。「きみがついに私のところから出て行くというときには、バートルビー」と私は言い足した。「まったくの無一文で出て行かせはしない。今から六日のあいだだよ、憶えておいてくれ。」その期間が終わりを迎えたとき、私は仕切りの向こうを覗きこんでみた。すると何たること！　バートルビーがいた。

私は上着のボタンを上のほうまで留めて、心の均衡を整えた。彼のほうにゆっくりと進み、肩に触れてこう言った。「時は来た。きみはこの場所を離れなければならない。悪いとは思う。これが金だ。だが、きみは行かなければならないのだ。」

「しないほうがいいのですが」と彼は、私に背中を向けたまま応えた。

「い、い、い、い、いしなければならないのだ。」

彼は黙ったままだった。

さて、私はこの男のいつもの正直さに対しては限りない信頼を置いていた。私はシャツのボタンほどの些事はまったく意に介さないほうなので、六シリング硬貨や一シリング硬貨が床のうえにぞんざいに落ちているということがあった。だが彼はしばしばそうしたものを私に返してよこしたのだ。このあとに続いて起こったことも、異常とは見なされないだろう。

「バートルビー」と私は言った。「きみには十二ドルが未払いになっていた。ここに三十二ドルある。追加ぶんの二十ドルもきみのものだ。——受け取ってくれるだろうね？」と言って、私は彼のほうに紙幣を差し出した。

だが、彼は何の動きも見せなかった。

「それなら、ここに置いておこう」と言って、私は紙幣を、筆写台のうえにあった文鎮の下に置いた。それから、帽子とステッキを取り、扉のほうに行きながら、私は平静に振り向いて言い足した。「この事務所から自分のものを片づけたら、バートルビー、もちろん扉には鍵を掛けて出て行ってくれ——きみ以外は皆、帰ってしまったからね——それから鍵はマットの下にすべりこませておいてくれないか。明日の朝になったら私が受け取るから。ではまた今度、とは言えないから、さようならと言うよ。もし今後、新しい住居に落ち着いたきみの役に立てるなら、手紙でその旨きっと教えてくれよ。さようならバートルビー、達者で暮らせよ。」

だが、彼は一言も返答しなかった。廃墟となったどこかの神殿の最後に残った一本の柱のように、彼は他に人影もない部屋のまんなかに独り、口をきくこともなく立ったままだった。

考えこみながら家に向かって歩いていくうちに、私のなかで虚栄心が慈悲心をうわまわった。バートルビーを厄介払いするにあたって熟達した手腕を発揮したことで、私は大いに自慢せずにはいられなかった。その手腕は、私情を交えずに考える者であれば誰でも熟達と思えるものであるにちがいない。私の手続きの美しさは、その完璧な静けさにあるようだった。卑俗に脅すこともなく、いかなる虚勢もなく、怒りにまかせてどやしつけることもなく、部屋をどかどかと歩きまわることもなく、身のまわりのみすぼらしい品々ともどもさっさと出て行けといった激しい命令をバートルビーに突然吐きかけることもなかった。そのようなことは何一つなかった。大声でバートルビーに出て行けと命ずるのではなく——私ほどの天才でなければそうもしたかもしれないが——、私は彼が出て行くということを前提としたのである。私の言うべきことはすべて、この前提にもとづいて打ち立てられた。自分の取った手続きについて考えを深めれば深めるほど、私は魅了された。だが、次の日の朝に目醒めると、私は疑いを抱いた——私は何とかして、眠ることで虚栄心の毒気を吹き晴らしたのだ。人が最も明晰かつ賢明になる刻限の一つは、朝に目醒めた直後である。私の手続きはやはり明敏なものに思われた——だが、理論上は明敏だというに過ぎなかった。実践においてそれがどのように立証されるのか——そこが厄介なところだった。バートルビーの出て行くのを前提したというのは本当に素晴らしい考えだった。だが、結局のところ、その前提は単に私の側がしていることであって、バートルビーが前提しているわけではない。重要な点は、彼が私のところから出て行くということを私が前提するかどうかではなく、彼のほうが私のところから出て行くほうがいいと思うかどうかであった。彼は、前提に従う人であるというより、「ほうがいい」という好みに従う人なのだ。

　朝食の後、私は成否の蓋然性をさまざまに論究しながら、中心街を歩いていた。私の手続きが悲惨な失敗を喫して、バートルビーはいつもどおりにうちの事務所でぴんぴんしているのではないかと思う瞬間もあれば、次の瞬間には、彼の椅子が空になっているのは明白だと思えもした。私の考えはそんなふうに右往左往した。ブロードウェイとキャナル通りの交差点のところで、かなり興奮した一群の人々が真面目きわまる立ち話をしているのが見えた。「おれはやつがそうは行っていないほうに賭けるよ」と、通りすがりに声が聞こえた。

「行っていない？　――よしきた！」と私は言った。「金を出したまえ。」

私は本能的にポケットに手を入れ、自分の賭け金を出そうとしたが、そのとき、投票日だったことを憶い出した。私が漏れ聞いた言葉はバートルビーには何の関係もなく、市長選に立候補した誰かが当選するか落選するかと言っていたのだ。自分の強い考えかたにとらわれて、私はいわば、ブロードウェイ全体が自分と同じ興奮を分かちもっていて、私と同じ問題について議論しているものと想像してしまったのだ。私はその場を通り過ぎながら、街路の喧噪が私の束の間の放心を覆い隠してくれたことがひどくありがたかった。

考えておいたとおり、私はいつもより早く、事務所の扉の前に着いた。私は一瞬、その場に立って耳を澄ませた。まったくの静穏だった。彼は出て行ったにちがいない。私は取っ手をまわしてみた。扉は鍵が掛かっていた。そう、私の手続きは魔法のようにうまく働いたのだ。彼は確かに消えてくれたのにちがいない。とはいえ、そこには、いささかの憂鬱感もないまぜになっていた。私は、自分の輝かしい成功を残念に思いかけてさえいた。私は、バートルビーが残していってくれたはずの鍵を探してマットの下を手探りしたが、そのとき、ふと膝が扉板に当たって、扉を叩いたような音を立てた。すると、それに応えて、内側から「まだだめです。手が離せません」という声が聞こえてきた。

バートルビーだった。

私は雷に打たれたようになった。昔、ヴァージニアでのことだが、雲一つない晴れた午後に、ある男がパイプをくわえたまま夏の雷に打たれて死んでいたことがあった。その男は、夢を誘うようなその午後に、自室の暖かい開いた窓のところにもたれかかったまま立っていたが、誰かが触れたとたんに倒れたのである。私は一瞬、この男のように立ちつくした。

「まだ出て行っていないのか！」と私はようやく口ごもった。だが、私はまたもや、この不可解な筆生から及ぼされるあの不可思議な支配力に服従してしまった。まったく苛立たしいことに、私はこの支配力から完全に逃れることはできなかった。私はゆっくりと階段をおり、街路に出てしまった。私はそのへんを歩きまわり、そのあいだ、この前代未聞の難局にあって自分は次に何をすべきかと考えた。実力行使であの男を追い出すことは私にはできない。ひどい言葉で責めたてて追い払うのも、うまくいかないだろう。警察を呼ぶというのも不愉快な考えだ。だが、やつにこのまま死体めいた勝利を許しておくというのも——これもまた考えられない。何をすべきなのか？　というより、すべきことが何もないにしても、この件に関して私が前提できることが他に何かないだろうか？　ある。私は以前、バートルビーが出て行くであろうと、行く末を前提したが、それと同様に、今度は、バートルビーは出て行ったものと、来し方を前提してもいいわけだ。この前提をきちんと実行するには、私は事務所に大急ぎで入り、バートルビーがまったく目に入らないつもりになり、まるでやつが空気であるかのようにやつのほうに向かってまっすぐ歩くわけだ。このようなやりかたであれば、まったく急所に一撃だろう。前提の教義をこのように適用すれば、まずバートルビーは逆らいとおすことなどできないだろう。だが、あらためて考えると、この計画の成功は相当に疑わしいものに思われた。私は、この問題について彼とあらためて議論をすることに決めた。

「バートルビー」と私は、事務所に入りながら、静かな厳しい口調で言った。「まったく不快だ。苦痛だよ、バートルビー。私はきみがもっと良い人だと思っていた。きみは紳士的ななりをしているから、どんな微妙な板挟みがあっても、ほんのわずか暗示するだけで——つまり前提するだけで——足りるものと思っていた。おや」と私は正直にびっくりして言い足し、「あの金に触れてさえいないんだな」と金を指さした。それは前日の夕刻に私が置いておいたのとちょうど同じところにあった。

彼は何も返答しなかった。

「きみは私のところから出て行くのか、出て行かないのか?」と、今や私は突然の激情に駆られて訊ね、彼のほうに近づいた。

「あなたのところから出て行かないほうがいいのですが。」と彼は応え、「ない」のところを穏やかに強調した。

「きみはだいたい、どんな権利があってここにそのままいるんだ？　家賃を少しでも払っているのか？　ここの税金を払っているのか？　それともこの地所はきみの所有物なのか？」

彼は何も返答しなかった。

「そろそろ書きはじめられそうなのか？　目は治ったのか？　今朝は私のためにちょっとした書類を筆写してくれるのか？　それとも、ほんの何行かでも点検するのを手伝ってくれるのか？　それとも、郵便局まで行ってきてくれるのか？　つまり、何でもいい、何かをやって、この所内から出て行くのを拒むに足るというところを少しでも見せてくれるのか？」

彼は自分の隠れ家に音もなく引きさがった。

私は神経質な憤激状態になってしまったので、とりあえず示威をこれ以上おこなうのは控えるのが慎重だと思った。バートルビーと私の他には誰もいなかった。私が憶い出したのは、不運なアダムズとさらに不運なコルトが、人気のないコルトの事務所で演じた悲劇のことだった(7)。コルトは何と哀れだったことか。アダムズに怒りの炎を焚きつけられた彼は、慎みを失ってひどく興奮してしまい、気づかぬうちに、自分の命運を決することになる犯行へと行

(7)　一八四一年から翌年にかけてニュー・ヨークで話題になった事件。印刷所を経営するサミュエル・アダムズが一八四一年九月、彼に借金をしていた会計士ジョン・C・コルトによって、コルトの事務所で殺害された。

き急いでしまった――この犯行を誰よりも嘆いたのは、行為に及んだ当人だっただろう。この一件について思いめぐらすとき私がよく考えたのは、もしあの口論が公的な街路や私的な邸宅で起こっていれば、あのような終わりかたはしなかっただろうということだ。家を思わせる人間らしいものが少しでもその場を聖別していればまだしも、そのようなところのまったくない建物の、それも階上に位置する、孤独な事務所という状況だった――それは、絨毯の敷かれていない、埃っぽい、とげとげしい外見の事務所だったにちがいない。この状況こそが、救いのないコルトの苛立つ絶望を大いに助長したにちがいない。

だが、古き人アダム以来のこの憤激が私のなかに湧きあがり、バートルビーに関して私を試そうとしたとき、私はこの憤激をつかまえて投げ飛ばした。どのようにして？　いや、単に、「私はおまえたちに、互いに愛しあえという新たな法を与えよう」という神の命令を憶い出しただけである。そう、それこそが私を救済してくれたものだった。高度な考察はともあれ、慈善は、賢明かつ慎重な原則として広範に働くことがよくある――慈善は、それをもつものにとっては偉大な防御となる。人間が殺人を犯すのは、嫉妬のため、怒りのため、憎しみのため、利己心のため、精神的自尊心のためである。甘美な慈善のために悪魔的殺人を犯した人のことなど、私は聞いたことがない。とすれば、より良い動機に恵まれなくとも、単なる私利からであっても、人間は皆、それも激しい気質の人はとくに、慈善や人類愛へと向かうのでなければならない。いずれにせよ、今度は、筆生の振る舞いを好意的に取って、彼に対する激昂を紛らわせようと努めた。哀れなやつだ、哀れなやつだ！と私は考えた。やつは何も悪いつもりなどない。だいたい、やつはつらい時期を過ごしてきたのだから、大目に見てやる必要がある。

　私はさらに、すぐに仕事に取りかかり、それとともに自分の意気消沈をなだめようと努めた。バートルビーも自分に都合のいいようなときを見計らって、朝のうちに、納得ずくで隠れ家から出てきて、扉のほうに向かって決然と行進しはじめるだろう、と私は想像してみた。だが、そうはいかなかった。十二時半になった。ターキーは顔が照り輝きはじめ、インク壺をひっくり返し、全般的に騒々しくなった。ニッパーズは静けさと礼儀正しさに向かって沈滞していった。ジンジャー・ナットは昼のリンゴをさくさく食べ、バートルビーはあいかわらず窓のところに立って、行き止まりの壁を相手に例の深遠きわまる夢想にふけっていた。こんなことが信じられるだろうか？　私はこんなことを認めなければならないのだろうか？　私はその午後、彼に対してはもう一言も口にせずに事務所を後にした。

　数日が過ぎたが、私はそのあいだ暇を見ては、エドワーズの『意志について』とプリーストリの『必然性について』を少しばかり覗いてみた。状況が状況だけに、こうした本は健康になるような感じを誘発してくれた。私は徐々に、ある確信へと導かれていった。すなわち、あの筆生にかかわるこの厄介事は永遠の昔からあらかじめ運命づけられていたことであって、バートルビーは、全知の神の摂理によって、私のような単なる死すべき一個の人間には計り知ることのできない何らかの神秘的な用件のために私のところに遣わされてきた、という確信である。よし、バートルビー、その仕切りの向こうにそのまいればいい、と私は考えた。私はもうきみを迫害しない。きみは、そこにある古い椅子のどれにも劣らず無害だし、音も立てない。つまりは、きみがここにいるとわかっているときほど、私が私的な気分になれるときもない。ようやくわかった。私には感じられる。私は、自分の生にあらかじめ運命づけられている用件を果たすべく尽力しよう。私は満足だよ。他の人たちはもっと高邁な役を演ずるのだろう。だが、バートルビー、この世界での私の天命は、きみがとどまるにふさわしいと思うだけの期間、きみに事務所の部屋を提供することなのだ。

私の事務所を訪問する職業上の友人たちは、こちらが頼みもしないのに、慈悲心のない評言を押しつけてきたが、とはいえ、何もなければ、この賢明にして神聖な考えかたはずっと続いてくれたことだろう。しかし、よくあることだが、狭い心の人々と絶えず摩擦を起こしていると、もっと寛大であろうという最良の決意もしまいには摩滅してしまう。とはいえ、じつを言えば、あらためて考えてみれば、私の仕事部屋に入ってくる人たちが、得体の知れないバートルビーの独特な様子を見て圧倒され、彼について陰険な所見を吐露したくなるのも奇妙ではないと思われた。私に用件があって弁護士の誰かが私の事務所に立ち寄ったが、この筆生以外の誰も事務所にいないということも時々あった。弁護士は私がどこにいるのかについて筆生から正確な情報を聞き出そうとするが、バートルビーのほうは無駄話など気にも留めず、部屋のまんなかに不動のまま立ちつくしているのだった。そこで弁護士は、そんな姿勢を取っている彼をしばらくじっと見つめてから、何の情報も手にすることなく出て行くことになった。

また、付託が進行中で、部屋は弁護士や証人で一杯になり、業務も迅速におこなわれていたことがあった。そのとき、出席していた弁護士で、ひどく手のふさがっている人がいた。その人は、バートルビーがまったく手が空いているのを見て、彼の（つまりその弁護士の）事務所に走っていって書類を取ってきてくれないかと頼んだ。すると、バートルビーは平静に断ったが、それまでと同じようにぶらぶらしているままだった。そこで、その弁護士はじっと凝視し、それから私のほうを向いた。私に何が言えたというのか？　事務所に私が置いているあの奇妙な生きものについて、職業上の知人たちが仲間うちで不思議だと囁き交わしていることに、とうとう私も気がついた。私は非常に悩まされた。そして、ひょっとすると彼は長生きしてしまうのではないかという考えが浮かんだ。彼は、うちの事務所を占拠し続け、私の権威を否定し続け、うちの訪問者たちを当惑させ続け、私の職業上の評判を汚し続け、所内全体に陰気さを投げかけ続け、貯蓄の続くかぎり自分の魂と身体を維持し続け（そもそも彼が一日に五セントしか消費しないのは明らかだ）、ついには私よりも生き延びて、永続的占拠権を盾にうちの事務所の所有権を主張することになるかもしれないと思った。このような暗い予見は次から次へと押し寄せるし、友人たちは、私の仕事部屋の幽霊について容赦ない見解を絶えず押しつけてきたので、私のなかで大きな変化が起こった。私は自分の諸能力を結集し、この堪えがたい悪夢の虫を厄介払いしてくれようと決心した。

しかし、この目的に適した複雑な計画などを思いめぐらす前に、まず私は、バートルビーに向かって、永久に出て行ってしまうことこそ適切であると単に示唆してみた。私は冷静かつ真剣な口調で、この考えを、注意して大人らしく考慮してもらいたいと言った。しかし、三日もかけて熟考してから、彼は私に向かって、自分のもともとの決定は変わらないままだと告げた。つまりは、まだ私とともに留まるほうがいい、というのだ。

どうしようか？　私は上着のボタンを一番上まで掛けながら、心のなかで言った。どうしようか？　どうすべきなのか？　この男を、というか、幽霊をと言ったほうがいいが、こいつをどうしてやるべきだと良心なら言うだろうか。彼を厄介払いしなければならない。やつを出て行かせなければならない。だが、どうやって？　この哀れで、蒼白な、受け身のやつを表に突き出せはしない——こんな無力な生きものを扉から突き出してしまうことなどできないだろう？　そんなことはしない、できない。そんなことをするくらいなら、ここで彼を生かし、死ぬまでいさせて、遺骸を壁に塗りこめてやるほうがましだ。では、どうしようか？　どうなだめすかしても、やつは考えを変えないだろう。賄賂も、筆写台のうえの文鎮の下に残したままだ。つまりは、やつが私にぴったりくっついているほうがいい、というのは明白だ。

それなら、何か厳しい、普通でないことをしなければならないわけだ。何だと！　巡査に逮捕させて、無実にして蒼白の彼を留置場に引き渡してしまおうというのか？　そんなことをするのに、どんな根拠を用意するのか？――彼が浮浪者か？　何だと！　動くのを拒んでいる彼が浮浪者、放浪者だというのか？　ということは、彼を浮浪者として数えようとするのは、彼が浮浪者になりたがらないからだということになる。あまりに莫迦げている。生活を維持する手段をはっきりもっていない、というのはどうか。これなら大丈夫だ。いや、これも駄目だ。疑う余地もなく、彼は生活を維持しているし、それこそ、誰であれ自分が生活を維持する手段を所有しているというところを示す、反駁の余地のない証拠だ。では、やつを突き出す根拠はもうない。やつが私のところから出て行かないのだから、私のほうが彼のところから出て行かなければならない。事務所を変えよう。どこか他のところに引っ越そう。そして彼には、もし新しい所内にいるところを見つけたら、ただの不法侵入者として訴えてやると、きちんと警告しておく。

その考えにしたがって、次の日、私は彼に向かって言った。「この事務所は市庁舎から遠すぎると思う。空気も健康に悪い。つまりは、私は来週、事務所を引き払おうと思っているんだ。きみはもう勤務してくれるにはおよばない。きみにこう言うのは、きみが他の場所を見つけられるようにだよ。」

彼は何の応答もせず、私もそれ以上のことは言わなかった。

決めていた日に、私は荷車と人手を雇い、事務所に向かった。家具もほんの少ししかなかったので、すべてを引き払うのに数時間で済んだ。そのあいだ、筆生は仕切りの向こうに立ったままだったが、その仕切りも最後には撤去するように指示した。それが大きな二折版のようにたたまれて取り除かれると、剝き出しになった部屋に、動きのない占有者が残った。私は入口のところで彼を一瞬見やったが、そのとき私のなかで、何かが私を咎めた。

私はあらためてなかに入った。手はポケットに入れたまま——そして——そして、心臓は口のなかにまであがってきていた。

「さようなら、バートルビー。私は行くよ——さようなら、きみに神のご加護がありますように。これを取っておいてくれ」と言って、私はあるものを彼の手のなかにすべりこませた。だが、それは床のうえに落ちた。それから——奇妙なことだが——自分がこれほど長いあいだ厄介払いしなければと思っていたあの彼から、私は身を引き剝がすようにして離れた。

新しい事務所に落ち着いて、一、二日のあいだは私は扉に鍵を掛けておき、廊下で足音がするたびにびくびくした。わずかでも留守にした後で部屋に戻ると、私は一瞬、敷居のところで立ちどまり、注意深く聞き耳を立て、それから鍵を差しこんだ。しかし、その恐れは不要だった。バートルビーが私の近くにやってくることはけっしてなかった。

私はすべてがうまくいっていると思っていたが、そのとき、見知らぬ人が動揺した様子で私のところに訪ねてきて、私に、ウォール街××番地の部屋を最近まで借りていた人かと訊いた。

私は、嫌な予感で一杯になりながら、そうだと応えた。

「それなら」と、その見知らぬ人は言った。弁護士だった。「あなたは、あそこに残していった男に責任があります。彼はいかなる筆写をも拒むのです。何をするのも拒む。しないほうがいいのですが、と言う。それに、所内から出て行くことも拒むのです。」

「残念ですが」と私は、平静を装いつつ、内心びくびくして言った。「じつを言って、おっしゃる男は私とは何でもないのです――私の親類でも弟子でもない。それをあなたは、私に責任があるとおっしゃるんですね。」

「それならいったい、あれは誰なんです？」

「もちろん、私もお教えできません。彼については何も知らないんです。以前、私は彼を筆写係として雇用していましたが、しばらく前から何もしてくれなくなっていました。」

「それなら、彼の件は私が処理します――さようなら。」

それから数日が経ったが、私の耳にはもうそれ以上のことは入ってこなかった。その場に立ち寄って哀れなバートルビーに会ってやりたいという慈悲深い気持ちが吹きこまれるのを感じることもしばしばだったが、何だかわからないけれども気後れがしたので行かなかった。

さらに一週間が経ったが、それ以上の情報が私のところまで届くことはなかったので、もう彼の一件はすべて終わったと私は考えるにいたった。しかし、その次の日、部屋に来てみると、かなり神経質に興奮した数人の人々が扉のところで待っているのが見えた。

「あの男です――来ますよ」と先頭の一人が叫んだ。先日、独りでうちの事務所に立ち寄った弁護士だとわかった。

「あなたは今すぐ、彼を連れ出してくれなければなりません」と、人々のあいだにいた恰幅のいい人物が叫び、私のほうに進んできた。ウォール街××番地の家主だった。「この紳士がたは借家人の皆さんですが、もう皆さんは堪えられないのです。Bさんが――」と弁護士のほうを指さして、「やつを部屋から追い出してはくれたのですが、今では建物全体に住み憑いてしまって、日中には階段の手すりに腰掛けているかと思うと、夜には玄関のところで眠っている。皆さんが気にしています。客は事務所から出て行ってしまうし、暴徒のことも恐ろしくなくはない。あなたに何かを、それも遅滞なく、やっていただかなければなりません。」

私はこの怒濤のような言葉に震えあがり、たじろぎ、できることならうちの新しい事務所に鍵を掛けて閉じこもってしまいたい気分だった。私は、自分はバートルビーとは何でもない――皆さんのどなたも何でもないのと同じだ――と言いつのったが、駄目だった。駄目なのもそのはず――知られているかぎりで、彼と何であれ関わりのあった最後の人が私だったということで、彼らは私に恐ろしい責任を押しつけたのである。私は新聞に暴露されるのも怖かったので（そこにいた一人に暗にそう脅された）、よく考えたあげく、もし弁護士が彼の（つまり弁護士の）部屋で、私と筆生に二人きりで話しあいをさせてくれるなら、その午後、彼らの苦情のもとである害を厄介払いするべく最善を尽くそう、と言った。階段をのぼり、以前私が住み憑いていたところに行こうとすると、踊り場の手すりに静かに腰掛けているバートルビーがいた。

「ここで何をしているんだ、バートルビー？」と私は言った。

「手すりに腰掛けています」と彼はおとなしく応えた。

私は彼を弁護士の部屋へと手招きして入れた。弁護士は私たちだけにして出て行った。

「バートルビー」と私は言った。「事務所を解雇されたのに、玄関を占領し続けて、自分が私にとって非常な苦しみの原因となっていることがわかっているのか？」

返答はなかった。

「では、二つのことのうち一つをしなければならない。きみが何かをしなければならないか、きみに何かがされなければならないか、このどちらかだ。さて、きみはどんな種類の仕事に関わってみたいと思う？　誰かのためにあらためて筆写をやってみたいか？」

「いいえ。何も変えないほうがいいのですが。」

「服飾店の事務員はいいと思うか？」

「それではあまりに閉じこもってしまいます。いや、事務員にはなりたくありません。ですが、私はとくに望みがあるわけではありません。」

「あまりに閉じこもってしまうだって」と私は叫んだ。「きみはいつも、自分から閉じこもっているじゃないか！」

「事務員にはならないほうがいいのですが」と彼は返答したが、それはまるで、そんな些細な項目にはすぐさまけりをつけてしまいたいというかのようだった。

「酒場の店員の仕事はきみに向いているか？　目には悪くないだろう。」

「それは全然やりたくありません。ですが、申しあげたとおり、私はきまった望みがあるわけではありません。」

彼のいつにない口数の多さに、私も発奮してきた。私は突撃態勢に戻った。

「それなら、国内を旅行してまわって、商人の代わりにお金を集めるというのはやりたいか？　きみの健康にもいいだろう。」

「いいえ、何か他のことをするほうがいいのですが。」

「それなら、どこかの若い紳士の付き添いとしてヨーロッパに行って、話し相手になるのはどうだろう——これならきみに向いているだろう？」

「まったく向いていません。何か確かなところがあるようにも思えません。一つのところにとどまっているほうがいいのです。ですが、私はきまった望みがあるわけではありません。」

「それなら、一つのところにとどまるがいい」と、私は我慢できなくなって叫んだ。彼とのつきあいにはずいぶんと腹も立ったが、激情に駆られたのはこれが本当にはじめてだった。「きみがこの所内から、夜までに出て行かないなら、私は是非にも――まさに是が非にも――私が――私が――私が所内から出て行ってやる！」私はずいぶん莫迦げた結論を下してしまったが、動こうとしない彼を従わせるのにどのような脅しを掛ければよいのかわからなかったのだ。それ以上努力しても無駄だと諦めて、彼のところから急いで離れようとしたそのとき、最後の考えが浮かんだ――それまでまったく思い浮かべたことなどない考えというわけでもなかった。

「バートルビー」と私は、そのような興奮した状況で前提できるかぎりの優しい口調で言った。「私のところに一緒に行こう――事務所にじゃない、自宅にだよ――暇を見て、都合のいい申しあわせが取り決められるまで、いればいいだろう？　来なさい、今、すぐに出発しよう。」

「お断りします。今のところ、何も変えないほうがいいのですが。」

私は返答しなかった。突然かつ迅速に逃げだして、そこにいる人々を皆うまくかわし、建物から飛び出して、ウォール街をブロードウェイめがけて走り抜け、そこに来た乗合馬車に飛び乗って、まもなく追跡の手を逃れた。平静を取り戻すとまもなく、私ははっきりと了解した。家主と借家人たちの要請にかんがみても、バートルビーのためになって粗野な迫害から彼を護ってやろうという自分自身の欲望と義務感にかんがみても、私はできるかぎりのことをやったのである。そこで私は、気兼ねのまったくない、静穏な状態になろうと努めた。良心もその企てを正当化してくれた。とはいえ、じつを言えば、それは望んだほどには成功しなかった。いきりたった家主と激昂した借家人たちにまた狩り出されるのが恐ろしくて、私は業務をニッパーズの手に引き渡して、数日のあいだ、市街の北のあたりや郊外を自分の馬車で乗ってまわった。ジャージー・シティやホーボーケンまで渡ったり、マンハッタンヴィルやアストリアに逃げこんだりした。じつを言えば、そのあいだ私はほとんど馬車暮らしだった。

あらためて事務所に入ってみると、何と、あの家主からの一筆が机のうえに置いてあった。私は震える手で開封した。それによると、手紙の主は警察に人をやって、バートルビーをその場から立ち退かせ、浮浪者として「霊廟」に入れてもらったというのである。そのうえ、私が誰よりも彼について知っているからということで、手紙の主は私に「霊廟」まで出頭して、事実について適切な陳述をしてほしいと言っていた。この便りは私に、相争う二つの効果をもたらした。はじめ、私は憤慨した。だが、しまいには、ほぼ是認した。精力的な即決気質ゆえに、家主は、私なら決心しないだろう手続きを採用するにいたったのだ。だが、このような独特な状況下では、この案が最後の頼みとして唯一のものだったのだろうと思われた。

後に知ったことだが、哀れな筆生は、自分が「霊廟」に連れて行かれなければならないと告げられたときも、わずかの抵抗もせず、蒼白な不動の様子で、黙って従ったという。

傍観者が数人、同情や好奇心に駆られて、一行に加わった。バートルビーの腕を取った巡査の一人が先頭に立ち、静かな行列は、活気に満ちた正午の往来の騒音と熱気と歓喜のなかを通っていった。

手紙を受け取ったのと同じ日、私は「霊廟」に、よりきちんと言うなら司法庁舎に行った。私は担当の役人を探し出して、訪問の用件を述べた。すると、私の言う個人は確かにそこにいると教えられた。そこで私はその役人に、バートルビーは得体の知れないほど常軌を逸してはいるが、完全に正直であり、まったく同情すべき男だ、と確言した。私は自分の知っていることをすべて物語り、閉じこめるにしてもできるだけ大目に見てやり、その後は何かそれほど過酷でないことをしてやってはくれないかと――それが何なのかはじつはよくわからなかったが――示唆して話を終えた。いずれにせよ、どのような決定も下すことができないばあいでも、貧民救護院なら彼を受け容れてくれるはずだ。それから、私は面会を申し入れた。

不名誉な罪に問われているわけでもなく、何をするにも非常に落ち着いていて無害だったため、彼は監獄のなかを、とくに草の生えた中庭を自由に歩きまわることを許可されていた。というわけで、彼はそこで見つかった。静まりかえった中庭に一人きりで立ち、顔は高い壁のほうを向いていた。そのあいだも、牢屋の細い隙間から、人殺しや泥棒の目が彼のほうを覗き見ているのが見えるように思った。

「バートルビー！」

「あなたを知っています」と彼は振り向かずに言った。「あなたには何も言いたくありません。」

「きみをここに連れてきたのは私ではないよ、バートルビー」と私は言ったが、彼の言葉には疑いの念がそれとなく感じられて、私は鋭い苦痛を感じた。「ここも、きみにとってそれほどひどい場所でもないはずだ。ここにいたところで、非難めいたことがきみにくっついてまわりはしない。見てごらん、思うほど悲しい場所でもないよ。ほら、空もあり、草もある。」

「どこに自分がいるのかはわかっています」と彼は応えたが、それ以上は何も言おうとしなかったので、私は彼のところから離れた。

廊下に戻ると、恰幅のいい肉の塊のようなエプロン姿の男が近寄ってきて、肩越しに親指を突き出して言った。「あなたのご友人ですかね？」

「そうだが。」

「あの人は飢え死にしたいと思っているのかね？　それなら、この監獄の食事を取っているだけで充分ですがね。」

「きみは誰だ？」と私は訊ねた。このような場所でこれほどくだけた口をきく人物のことをどう考えればいいのかわからなかった。

「差し入れ屋ですよ。ここにご友人のいる紳士がたに雇われて、何かいい食べ物を用意するんです。」

「本当か?」と私は言い、看守のほうを向いた。

看守はそのとおりだと言った。

「それなら」と私は言い、差し入れ屋(彼はそう呼ばれていたのだ)の手に銀貨を数枚すべりこませた。「あそこにいる私の友人には特段の注意を払ってやってほしい。手に入る最高の食事を取らせてやってほしい。それから、彼にはできるだけ礼儀正しく接してくれ。」

「紹介してくれますかね?」と差し入れ屋は言って私のほうを見たが、その表情は、自分の育ちの良さを見せる機会をうかがってじりじりしているというようだった。

筆生のためになることだと考え、私は従った。差し入れ屋の名前を聞いてから、バートルビーのところに一緒に行った。

「バートルビー、これは友人だ。きみの助けになってくれると思うよ。」

「お仕えします、お仕えしますよ」と差し入れ屋は言い、エプロン姿で深々とおじぎをした。「ここが愉しいといいですね。庭もいいし——部屋も涼しい——しばらく私たちのところにいたらいいです——居心地がよくなるようにしますから。今日はどんな食事がいいですかね?」

「今日は食事をしないほうがいいのです」とバートルビーは言って、向こうを向いた。「食事は私には合いません。私は食事をするのに慣れていません。」そう言うと彼は囲いの反対側にゆっくり動いていき、行き止まりの壁を前にする姿勢を取った。

「どういうことです？」と差し入れ屋は、びっくりしたような目で私を見て言った。「変人なんですかね。」

「少しばかり錯乱しているんだと思うよ」と私は悲しく言った。

「錯乱？　錯乱だって？　そういえば、本当のところ、私はあなたのご友人が詐欺紳士だと思ってたんですよ。きまって蒼白くて上品ぶってるからね、詐欺師っていう人たちは。まったくかわいそうだよ――かわいそうな人たちですよ。モンロウ・エドワーズは知ってますか？」と彼はほろりとさせるような口調で言い足して、一息ついた。それから、私の肩に哀れむように手を掛けて、ため息をついた。「シング・シング刑務所で肺病で死にましたよ。モンロウとはお知り合いではない？」

「ああ、詐欺師とつきあったことは一度もない。これ以上ここに長居はできないんだ。あそこの友人の世話を頼んだよ。損はさせない。ではまた。」

それからほんの数日後、私はふたたび「霊廟」への入場許可を取り、バートルビーを探して廊下を歩きまわったが、彼は見つからなかった。

「ほんのしばらく前に、独房から出てくるのが見えました」と看守が言った。「中庭をぶらついているんでしょう。」

そこで私はその方角に行った。

「あの静かな男を探しているんですか？」と、すれ違った別の看守が言った。「あっちで横になっていますよ——あちらの中庭で眠っています。横になるのを見てから二十分も経っていませんよ。」

中庭はまったく静かだった。普通の囚人は入れなかった。周囲を取り巻いている驚くべき厚さの壁が、その向こうの音をすべて遮断していた。エジプト風の石の積みかたと、その陰気さが、私に重くのしかかってきた。だが、足の下では、監獄のなかではあるが柔らかい芝生が育っていた。ここは永遠のピラミッドの中心と思われた。そこには、何らかの奇妙な魔術によって、鳥の落とした草の種子が石の割れ目から芽吹いていた。

壁の下のところに奇妙なふうに体を屈して膝をかかえ、横向きに寝そべり、頭は冷たい石に触れている、ぐったりしきったバートルビーが見えた。だが、何も動きがなかった。私は一息ついた。それから彼に近づいた。覗きこむと、彼のどんよりした目が開いていた。それを除けば、彼は深い眠りにふけっているように見えた。何かに促されるような気がして、私は彼に触れてみた。私は彼の手に触れた感じがしたが、そのとき、戦慄がぞくぞくと腕を駆けあがり、背骨から足へと駆け下りていった。

差し入れ屋の丸顔が私をじっと見ていた。「食事の用意ができてますよ。今日も食事を取らないつもりですかね？　それとも、食事をしなくても生きられるとでもいうのかね？」

「食事をしなくても生きられるさ」と私は言い、目を閉じてやった。

「え！　――眠ってるんじゃ？」

「王たち、参議たちとともに」と私は口ごもった。

＊　＊　＊

この物語をこれ以上続ける必要はあまりないように思われる。哀れなバートルビーの埋葬といった無味乾燥な物語は、想像力がまかなってくれるだろう。だが、読者とお別れする前に言っておきたいことがある。このちょっとした物語が充分に読者の興味を惹き、読者が、バートルビーとは誰だったのか、語り手の知己を得る以前はどのような生きかたをしていたのか、といったことを知りたいという好奇心に駆られても、私が応えられるのはただ、そのような好奇心は私も同じく分かちもっているが、それを満たすことはまったくできない、ということである。ただ、洩らすべきかどうかよくわからないが、ちょっとした噂がある。筆生が死んで数ヶ月後に耳に入ったものだ。その噂が何を根拠にしているのか私は確かめることができなかったので、それがどこまで本当のことなのかは言えない。だが、この不確かな伝聞は、悲しいものではあるが、私にはある種の興味を示唆していなくもなかったので、他の人々のなかにも、同じように思われる人がいるかもしれない。手短に話してみよう。その伝聞は次のとおりだ。すなわち、バートルビーはワシントンの「死んだ手紙部局」(8)の下級局員だったが、行政の改変によって突然解職された、というのである。この噂のことを考えると私はある感情にとらわれるが、この感情はほとんど表現することができない。死んだ手紙！　死んだ人のような響きではないか？　生まれつきもあり、不運もあって、蒼白な絶望に陥りがちな男を一人、想像していただきたい。そうした死んだ手紙を絶えず取り扱い、仕分けして火にくべていくことほど、絶望を助長するのにぴったりの業務があるだろうか？　死んだ手紙は毎年、荷車に何台ぶんも焼かれている。折りたたんだ紙片から、蒼白な局員が指輪を取り出すこともある――指輪をはめるはずだった当の指は墓のなかで土にかえるところかもしれない。迅速きわまる慈善によって送られた銀行券のこともある――それによって救われるはずの当の人物は、もはや食べることも飢えることもない。絶望のうちに死んだ人々に宛てられた赦しのこともある。希望もなく死んだ人々に宛てられた希望のこともある。救いのない惨禍に息を詰まらせて死んだ人々に宛てられた良い便りのこともある。生の告知のはずが、これらの手紙は死へと行き急ぐ。

ああバートルビー！　ああ人間！

（8）　the Dead Letter Office.　宛先不明などの配達不能郵便を処理する部局。

バートルビーの謎

高桑和巳

謎の端緒　メルヴィルの短篇

ハーマン・メルヴィル(一八一九-一八九一年)の短篇小説「バートルビー」は、一八五三年に「筆生バートルビー」という題で、「ウォール街物語」という副題をともなって『パトナムズ・マンスリー・マガジン』に匿名で発表され、(1)その三年後、短篇集『ピアザ物語』に、副題を省き、題も「バートルビー」と単純化されたほか、本文にも若干の修正が加えられたうえで収録された。(2)

今まで、日本語でもしばしば読まれえたはずの作品だが、(3)まずは物語をたどりなおしておこう。

時代は一八五〇年代初頭。語り手はニュー・ヨークのウォール街に構えた事務所で平穏な業務をこなしている初老の法律家であり、羽振りのよかった数年前を回顧している。三人の使用人(筆生を二人と使い走りを一人)を雇用していたが、業務量の増加から、さらに一人の筆生を新たに歩合制で雇用することになった。それが正体不明の寡黙で蒼白いバートルビーだ。仕切りに囲われた自分だけの持ち場で、彼ははじめ、勤勉すぎるほどの筆写を黙々とこなしているが、筆写の照合をするように言われたときから、「しないほうがいいのですが」という、その後も繰り返すことになる定式を口にしはじめる。彼のこの得体の知れない「好み」はしだいに度を超したものになり、彼はついに筆写することさえやめてしまうが、かといって事務所から出て行こうともしない。どうやら帰宅することもなく事務所に住み憑いてしまっているようだ。自分の机の脇にある窓から見える行き止まりの壁のほうを向いたまま、動こうともしない。脅してもすかしても彼の「好み」を変えることができないのみならず、その「好み」によって自分までもが奇妙な影響を受けていると感じはじめた法律家は、自分のほうが事務所を移転させて彼を厄介払いすることにする。だが、バートルビーは元事務所の建物から離れず、これをきっかけとして暴徒が襲来するのではないかと恐れる大家と入居者の手配によって、「霊廟」と綽名される古代エジプトを模した様式の監獄に「浮浪者」として収容されるにいたる。彼はそこでも食事すらしようとせず、まもなく獄内の庭の片隅でぐったりと横たわって死んでいる姿を発見される。物語の最後で、語り手はバートルビーの絶望の由来を思い量って、ある風聞を報告する。かつて、彼はワシントンの「死んだ手紙〔配達不能郵便物〕部局」に勤務していたらしいというのだ。語り手が「死んだ手紙」の不幸とバートルビーの絶望を重ねあわせ、「ああバートルビー！　ああ人間！」と嘆いたところで物語は終わる。

言うまでもないが、以上はぎこちない要約にすぎない。ここで、それほど長くもないこの物語を一字一句たどって読みとおしておくことをおすすめしておく。

解けるはずのない謎を縁どる　ブランショと結節点

ある作品を読む人にとって、作品に忠実である、とは何を意味するのだろうか？「バートルビー」を読んだときに否応なく私たちの前に立ちはだかると思われる問いの一つがこれである。私たちは、何らかの形でこの作品に忠実でなければならないという要請を聞き分けたような気にさせられる。その要請の理由を大まかにであれたどりなおしてみる、というのが、以下に続く文章の向かうところだ。

それにあたって、ここでは、すでにその道をたどったとおぼしい数人の思考をたどりなおすという方法を採ってみたい。とはいえ、以下に続く記述は、何らかの読解の系譜をたどるものではない。そもそも、作品に忠実であるためには、忠実であるとされる読解の系譜をたどる必要などないのは明らかだし、そもそもそのような系譜が実体をもつものとして特定されうるとも、特定されるべきだとも思われない。ここに展開するのは、忠実であろうとするさまざまな試みを一つ一つたどってみるために暫定的に設定した偽の系譜にすぎない。

モーリス・ブランショが『災厄のエクリチュール』（一九八〇年）に書いている次の断章から出発してみよう。

カフカが我々に与えるもの、我々のほうは受け取らないその贈りものは、いわば文学による文学のための闘いである。その闘いは、目的性では取り逃がされてしまうものであるが、それと同時に、我々が闘いやその他の名で知っているものとは相当に異なるものでもあって、見知らぬものと言ってみたところで、この闘いを感じられるものにするには充分ではない。というのも、これは我々にとって、馴染みがないのと同じくらい、親しみがあるものでもあるからだ。「文筆の徒バートルビー」はこれと同じ闘いに、単純な拒否ではないものに属している。[4]

ここで「文筆の徒」としたのはécrivainという語である。英語のscrivenerやcopyistにフランス語において対応する語（筆生、筆写係、筆耕、書記などを表す語）としてはscribeやcopisteが一般的だが、écrivainという古語を用いることもできなくはない。フランス語ではじめて刊行された「バートルビー」には、この古語が用いられていた。[5] これは今日では、文学作品を生産する人という意味で普通に用いられる語であり、ブランショがバートルビーの謎を文学一般の謎と重ねあわせる鍵をここから手に入れたということも充分に想像できる。いずれにせよ、ブランショはここで、「文筆の徒」がカフカの登場人物たちと同じく、ある「不気味なもの」を、文学において――その場がまさに文学であるがゆえに――示しえている、ということを指摘している。[6]

ところで、ブランショはすでに、その「文筆の徒バートルビー」が「魔の群島《エンカンタダス》」とあわせてフランス語で刊行された一九四五年に、これを扱った小論「メルヴィルの魔力」を発表していた。少し長くなるが、「文筆の徒バートルビー」に関わる箇所から一部を引用しよう。

［……］これは最も単純な、最も絶望的な事件だ。バートルビーは、ある法律事務所の筆生だ。彼は完璧に仕事をしている。ある日、しかじかの務めを果たすように言われた彼は、おとなしくも堅固な声で「しないほうがいいのですが」と応える。なぜか？　彼の回答が理由のすべてであり、他に理由はない。自分は「しないほうがいい」、それだけだ。人は、これこれがいいとなると、希望のない道に入りこんでしまう。まもなく、筆写をしないほうがいいとなり、それと同時に、そこから出て行かないほうがいいとなる。彼は、昼夜を問わず仕切りの向こうに立って、壁で行き止まりになった窓から外にまなざしを向けながら、ずっとそこにいる。彼を常識に戻してやろうとする雇用者の諫言に対しても無関心で、その努力も無駄に終わる。どうすればいいのか？　法律家は事務所を移し、文筆の徒は監獄に連行される。そこでも不動の彼は、「食事をしないほうがいい」ということで、それまで生きてきたのと同じ孤独、同じ沈黙のうちに死ぬ。

メルヴィルの芸術は象徴のほうを向いており、諸事物や生と深く関わっている。それを解釈すれば裏切ることになるし、その意味を感じ取らなければ取り逃がすことになる。そこにこそ、その芸術に固有な二面のうちの一方の面がある。バートルビーの物語は、彼の主人によって物語られている。悲劇的なのは、この人物が、被雇用者を理解し助けるためにできるあらゆることをする、まったくの善人だということだ。彼は、この不幸な男が陥っている孤独の深淵を思い量り、彼の奇癖を容認し、尊重する。だが、それもすべて無駄に終わる。先に行くともう戻ってくることのできないような一点というものがある。身を滅ぼしつつある男の決定に対しては、正当化できない好みしか許さない断固とした沈黙に対しては、兄弟であるという気持ちなど何の力にもならない。おとなしく静かなこの存在は、もう永久に他の人々から分離されてしまっている。彼と交流することはまだできるが、助けることはもうできない。こんなことがありうるのか？　こんなことを容認できるか？　たしかに、不幸は絶望する男の側にあるが、それと同じだけの不幸が、絶望から男を救済できない楽観的な好人物の側にもある。[7]

この要約と見解に、バートルビーの謎はすでに明瞭に示されていると言っていいだろう(そもそも謎が明瞭に示されることがあるとすれば、だが)。大量に流されてきたインクはすべて、この謎を解くために費やされてきた。いやむしろ、この謎を解くと自称しながらこの謎をやりすごすためにこそインクは費やされてきたのかもしれない。

だが、バートルビーが読者を謎解きへと執拗に誘う――というより、ほとんど強制する――のは、その謎が解かれるべきものとしてそこにあるからではないのではないか？　むしろ、解けるはずのない謎、解けないにもかかわらず解くように迫ってくる謎というものが存在するのであり、文学におけるそのような謎のなかでも最大級のもの——唯一最大のもの、とまでは言わずとも——がバートルビーなのではないか？[8]

ブランショの向かうところはまさしく、謎を解くということではなく、謎の存在をそのまま口にすることであるように思われる。『災厄のエクリチュール』から、さらに少し、「バートルビー」に直接かかわる部分を引用してみよう。

> 拒否は受動性の第一段階である、と言われる——だが、それが故意のもの、意志的なものであるなら、否定的決定をであるにせよ決定を表現するものであるなら、意志は、意識の権力からきっぱり離れることを可能にしてはくれず、最善でも、拒否する自我であるにとどまる。たしかに、拒否は絶対へと、いわば無条件なものへと向かう。それは、文筆の徒バートルビーの「(それを) しないほうがいいのですが」という容赦のない台詞が感じられるものにしてくれている拒否の結節点である。決定を必要としないその回避は、あらゆる決定に先立つもの、否認以上のものである。むしろそれは辞退であり、言うことすべて——言うことの権威すべて——の放棄（けっしてはっきりと口にされることのない、けっして明らかにされることのない放棄）であり、あるいはまた、自我の遺棄と見なされる棄権であり、同一性の棄却である。それは自己の拒否ではあるが、拒

否のうえに縮こまってしまうことはなく、衰弱へ、存在喪失へ、思考へと開けている。「したくありません」というのでは、依然として生気に充ちた決断を意味し、生気に充ちた矛盾を呼び寄せてしまっていただろう。「しないほうがいいのですが……」は忍耐の無限に属するのであり、それは弁証法的な介入に対して捉えどころを残さない。我々は存在の外に陥ってしまった。それは、動きのない破壊された人間たちが同じ歩みでゆっくりと行き来している、外の領野だ[9]。

「バートルビー」において、謎は「純粋な」エクリチュールからやってくる。それは、筆写（再び書くこと）以外ではありえない、受動性のエクリチュールである。そのうちにあっては、書くという活動は消滅する。そのエクリチュールは、通常の受動性（再生産）から受動的なものすべての彼方へと、感じることのできないしかたで、突然、移行する。死ぬという隠れた慎みをもつ生は、死を行き場としてもたないほどに、死を行き場にしてしまうことがないほどに受動的である。バートルビーは筆写する。彼は絶えず書く。筆写をやめて、制御のようなものに自分を従属させてしまうことはできない。（それを）しないほうがいいのですが。この一文は、我々の夜の内密さのうちで語っている。それは否定的な好み、好みを抹消する否定、好みのうちに消え去る否定であり、すべきことなどないという中性的なものであり、自制であり、優しさである。この優しさを強情な優しさだと言うことはできない。この優しさは、この数語によって強情さの裏をかいてしまう。言語活動は永続することで沈黙する。(10)

この「受動性」「拒否の結節点」「外の領野」「中性的なもの」こそ、ブランショがバートルビーという謎に与えた仮の名の数々である。だが、名が与えられたとはいえ、その命名によって謎がつまるところ解決され、解消され、解除されるわけではない。この命名によって、ともかくも謎の所在がより縁どられるにすぎない。その結節点は、解くことができないほど堅くなった結び目なのだ。「結節点」と訳した nœud は、否定辞 ne と同じ響きをもっている。英語でも、結節点を表す knot は否定辞 not と同じ響きをもっている。(11) ブランショが好んで語る、フランス語のもう一つの否定辞 pas についての地口（「歩み」も pas と書かれる――そもそも否定辞 pas の語源がこの「歩み」なのだが）はよく知られているが、「結節点」に関する地口も、これと同じたぐいの効果を狙ったものと見なせる。

謎を解くことができると安易に標榜することなく、謎に忠実であり続けること。この姿勢こそ、先に進むことさえできないこの行き止まりの道を照らすべくブランショからその読者たちへと託された微弱な光だ。(12)

窮極の居心地の悪さ　デリダにおける抵抗

ブランショの発した微光を頼りに謎をたどる者の一人にジャック・デリダがいる。デリダが「バートルビー」の読解を書きつけるのは、ブランショ論「パ」(一九七六年)が最初である。そこでは、すでに挙げた「拒否の結節点」に関するブランショの断片(すでに一九七五年にほぼ同じ形で発表されている)が引用され、「あらゆる否定、あらゆる決定、あらゆる否認、つまりはあらゆる言うことより手前の」ものとしてのその謎が語られ、ブランショの語る否定的なもの(受動的なもの)の特異性が強調される。(13)

その後、「バートルビー」はデリダの隠れた参照対象の一つになる。(14) ここでは、謎の結節点をなす「しないほうがいいのですが」についてデリダが特異なしかたで語っている一節を紹介しておこう。

一九九一年、デリダは、分析概念(「分析」という語でまず含意されているのは「精神分析」のこと)をめぐるシンポジウムで「抵抗」と題する発表をおこなっている。そこで彼は、ジークムント・フロイト『制止・症状・不安』(一九二六年)の補注に見られる五種類の抵抗に触れ、(15) なかでも、反復強迫に見られる死の欲動から発する抵抗(フロイト自身は端的に「無意識の抵抗」と呼んでもかまわないと述べている)に注目する。デリダはこの抵抗は「意味をもたない」抵抗であり、じつのところ抵抗ではないと述べている。(16) ここから、デリダは特異な議論――この抵抗と分析自体が同質であるという想定にもとづく議論――を展開するが、そこに登場するのが「バートルビー」である。

ここで抵抗するものは、私なら非抵抗だと言うだろう。［……］反復強迫は他の四つの抵抗に意味を与えないが、それには二つの理由がある。つまり、それはそもそも意味をもっていないないし（死の欲動）、分析に対して非抵抗という形で抵抗するから、ということである。前者の理由ゆえに、反復強迫はそれ自体が、分析的構造ないし分析的使命をもっている。ここから、精神分析は反復強迫と同質であり、精神分析の理論・臨床・制度は、作動中の死の欲動ないし反復強迫を表象していると推論したくなる人もいるだろう。それはべつに嘆かわしいことではない［……］。この命題は、手袋のように裏返して、そのまま次のような形で言いなおすことができる。すなわち、反復強迫、非抵抗の誇張的抵抗は、それ自体が分析的なのであって、その抵抗をこそ精神分析は今日、最も確かな奸智のうちに、つまりは非抵抗を装って表象しているのだ、ということである。我々がこうして戻ってきているのは、夢の臍の直近である。この場においてまさに、死への欲望が、端的な欲望が、自らの禁止する当の分析を呼び起こし口にするのだ。それを口にするにあたって、欲望は何も口にしない。応えるにあたって何も応えない。然りとも否とも言うことなく、受け容れることも対立することもない。とはいえ、語りながらそうするのだが、それでも、何を言うわけでもない。然りとも否とも言わない。それはちょうど「筆生バートルビー」のようだ。いかなる要求、問い、圧力、懇請、命令に対しても、彼は応えずに応える。その応えは受動的でも能動的でもない。「しないほうがいいのですが」……。メルヴィルのこの莫大な小著を読んだ人であれば、バートルビーが死の形象でもあるということもたしかに知っているだろうが、彼が何も口にすることなく人に語らせるということも知っているだろう。それも、彼がまず語らせるのは、責任ある法律家、倦むことのない分析家である語り手にである。だがじつは、それは自分が治る見込みのない分析家なのだ。バートルビーは、語り手でもあり法律家でもある分析家に語らせる。バートルビーとは、文学の秘密でもある。そこでこそおそらく、文学は精神分析に語らせる――ないしは歌わせる。この「そこ」とは、抵抗の場それ自体である。精神分析の抵抗――精神分析への抵抗。精神分析それ自体。もう、誰が誰の秘密を――死ぬほどに――分析しているのかわからない。(17)

(ちなみに、反復強迫および死の欲動とバートルビーの定式を結びつけている論考は少なくない。(18)それらの指摘は多かれ少なかれ正当だが、とはいえそれで謎が解消するわけではない。デリダが指摘しているとおり、謎が死の欲動に関わるということは、それについて語ることがつまりは無意味に帰するということを意味するからだ。その意味で、それらの指摘は、物語の語り自体とともに無意味を行為遂行的に指し示すものだと言える。[19] なお、バートルビーにしかじかの病名を与えて謎を解決するという、上記に単に外見上類似する読解のほうは、それが仮にその疾病自体に一種の肯定的な特権を付与するためであるとしても、問題外である（そのような、バートルビーのさまざまな疾病の標定についてはすでにまとまった批判が読める）。[20] デリダの指摘からも読めるとおり、バートルビーの態度は個別の精神疾患そのものに由来するというより、むしろ、そのような疾病の標定に対する抵抗になっていると言える。このことから容易に想起されるのは、「性格抵抗」によって構成される「潜在性抵抗」を論じたヴィルヘルム・ライヒの研究である。[21] ライヒによれば、潜在性抵抗とは「どんな試練にも無制限の信頼をもって優しく従順に従う」「ゆるぎない礼儀正しさをもち、距離を置いた端正さをもつ」「情感の貧しい」「自分には真正の感情や表現が欠けていると訴える」などの患者に見られるものだという。[22] これらの特徴からは即座にバートルビーの身振りが得られそうだ。バートルビーの疾病学を云々する研究者のなかにこの限界的な疾病――この抵抗を疾病と呼べるのかどうかがまさに問題なのだが――を扱った者が今まで一人もいないという事実は意味深く、それ自体が何かの徴候ではないかと疑うこともできる。）

偶然だが――というのは、デリダはブランショの「メルヴィルの魔力」は読んでいなかっただろうからだが――、このようにしてデリダはブランショの名指した当初の謎へとたどりついた。「死へと行き急ぐ」救済不可能な者と、その者を前にして語りやむことができなくなる者のなす、錯綜した謎である。

(この物語が法律家の分析的な語りをもってはじめて構成される、という指摘はしばしば見られる。たとえば、ある研究者は次のように書いている。「私は「バートルビー」の新たな分析を提示しようというのではない。分析するとは文字どおり解くこと、解体することである――だが、テクストにおいては、結びつきにはつねに解きほぐしがあるとはかぎらず、結びつきを必ずしも解いたり解体したりせずとも、それを読むことはできる。法律家が自分の被雇用者の神秘的な死の後に書いたこの「バートルビー」という物語は、分析しなければならないのだろうか? いや、このテクストがすでに一つの分析である。法律家はバートルビーの所作や身振りを解体し、自分は神秘の覆いを取り去るのだと主張する[……]」(23)。これは、分析する者をデリダの読解の置くのと正反対の位置に置く読解である。その種の指摘が正当だとしても、じつのところ謎はそこにあるのではない。謎はむしろ、バートルビーのほうが分析家の位置を占め、まるで法律家のほうが長椅子のうえで連想を展開しているようだ、という逆転にこそある(24)。法律家の語りにおける欺瞞を示すことはしばしばおこなわれており、今では、この物語に対する読解の紋切型にさえなっている(25)。また、法律家の占めていた社会的な位置を推定して、それによって語りが被っているはずの歪曲を示すという作業もしばしばおこなわれている(26)。それらの精緻な読解は語り手の位置を多かれ少なかれ明らかにしてはくれるが、つまるところ、謎が本当はそこにはないということを示唆してくれるかぎりにおいて有用であるにすぎないかもしれない。ここでの謎は、語り手がどのように語っているか、あるいはその向こうにどのような真理があるか、という点にではなく、語り手はなぜそれを語り、読者はなぜそれを読むのか、という点にこそ関わっているからである。それこそ、ブランショやデリダが「文学による文学のための闘い」「文学の秘密」などと仮に名指しているものにほかならない(27)。）

この物語によって読者が投げこまれる窮極の居心地の悪さ——この混乱を最も穏やかに名指すなら——はそれ自体、語りを媒介にして読者がバートルビーや法律家とのあいだにどのような関係を想像するかというところに関わっている。法律家は自分のそばにバートルビーを置きながら仕切りで隔て、「私的領域と社会とが結合した」状態を成立させはした(28)。法律家はそれによって、たしかにバートルビーを意のままに排除したり包含したりできるようになった（私的領域と社会とが結合することで利を得るのは法律家のほうであり、仕切られたバートルビーのほうは私的なもののすべてが公的になってしまった地獄を生きることになる）。法律家の語りもまた、恣意的になされた包含の一形式と見なされる。読者は恣意的に仕切りが開閉される言説を読む以外にすべはない。したがって、読者は、バートルビーに対して共感を抱こうとしても、その共感自体が恣意的な排除と包含に由来するのではないか——その共感が可能なのは無反省な感傷によってのみなのではないか——という疑念を払拭することはできない。それは、自分のおこなう読解も、いや読解一般さえも、一種の仕切りを恣意的に開閉することではじめて可能になっているのではないかという、罪悪感に満ちた疑念だ。しかし、だからといって、沈黙すればバートルビーに対する共感に与することができるというわけでもない。善良であるだけでは、兄弟であるだけでは、いや、そもそも共通に「人間」であるというだけでは、彼を救済するに足る共感を獲得することはできないし、そもそも共感などというものは救済とは無関係とは言わずとも、救済にとって決定的に不充分なものだと思われるのは当然だ（「彼と交流することはまだできるが、助けることはもうできない。こんなことがありうるのか？　こんなことを容認できるか？　たしかに、不幸は絶望する男の側にあるが、それと同じだけの不幸が、絶望から男を救済できない楽観的な好人物の側にもある」(29)）。このことから、「おまえはバートルビーの側にいるのか、語り手の側にいるのか？」というたぐいの、読解と道徳のあいだが不分明になった雑駁かつ不毛な異端審問へと議論が堕していくことも少なくない。しかし、じつを言えば、当の人物が身を置いているのはまさしく、そのような問いが不可能になる地帯にほかならない。「バートルビーの側」など存在しない。(30)ここでは救済可能性自体の意味が問いただされるのだ。

絶対的に受動的なものによって救済が限界に達してしまうとき、私たちに何が起こるのか？　つまるところ、「しないほうがいいのですが」とは何なのか？　その定式は、私たちがどのような謎とともに生きているということを示すのか？　そもそも、その謎は私たちとどのような関係にあるのか？　私たちはその謎と関係をもつことなどできるのか？　この謎を前にしてしまったなら、「私たち」など、どのようにして可能だというのか？

バートルビーからの微弱なメッセージ　ドゥルーズとアガンベン

ブランショは「彼と交流することはまだできるが、助けることはもうできない」と書いた。だが、それはあえて言えば、彼を助けることはもうできないが、彼と交流することはまだできる、ということでもある。救済の彼方で交流されるこのメッセージとはどのようなものなのか？　彼は何を交流するのか？

ジル・ドゥルーズは一九八九年に、メルヴィルの短篇集(31)への後書きとして、「バートルビー　定式」と題するテクストを発表している(32)。この豊かなテクスト全体の詳細に通じたければ、すでに存在する日本語訳を参照するにしくはないが(33)、ここでは、ドゥルーズがこの人物の「定式」（つまり「しないほうがいいのですが」というメッセージ）の力の軌跡をたどろうとしている部分に注目してみよう。

ドゥルーズはまず、この定式の奇妙さを指摘する。文法的に間違っているわけではないにもかかわらず、そこには何か非文法的なところがあると感じられる。この定式は一塊の異物である。一つの言語に明らかに属しながらも、その言語の成立に拠っている空間を変質させてしまう。「しないほうがいいのですが」は交流の言語に属してはいるが、この定式が発せられると、交流自体が停止し荒廃してしまう。しかし、これは単に、定式がバートルビーによる抵抗を可能にするだけだということを意味するわけではない。ドゥルーズは次のように書いている。

この定式が荒廃をもたらし、その後には何も残らない、ということに疑いはない。まず気がつくのは、その定式が伝染性のものだということである。バートルビーは他の人々の「舌を歪め」る。「……ほうがいいのですが」という突飛な語が、事務員たちや法律家自身の言葉遣いに入りこんでいく(「きみもその言葉を使ったな」)。だが、この汚染が本質的なのではない。本質的なのは、その定式がバートルビーにおよぼす影響のほうである。(照合を)「しないほうがいいのですが」と言うやいなや、彼は筆写することもできなくなってしまう。[……]この一塊の定式の効果は、バートルビーがしないほうがいいということを拒むという効果だけではない。この定式には、自分がそれまでしていたこと、まだする気でいるはずのことを不可能にしてしまうという効果もある。[……]要するに、それ以外の行為を次から次へと拒んでいく定式は、筆写するという行為をすでに呑みこんでしまっているのであり、この行為を拒む必要さえなくなっているのだ。定式が荒廃をもたらすものであるのは、それが、好ましくないあらゆるものと同じく、好ましいものをも容赦なく消去するからである。この定式は、拒む項を廃絶するとともに、定式によって保存されていると思われた別の項のほうをも廃絶する。その別の項のほうは不可能になってしまう。じつを言えば、この定式はこれら二つの項を不分明にするのだ。それは、ある不分明地帯、不明確地帯をうがつのであり、その地帯は好ましくない活動と好ましい活動のあいだでどんどん大きくなっていく。あらゆる特性、あらゆる参照先が廃絶される。定式は「筆写する」ということを無化するが、じつはこの筆写こそ、これこれが好ましいものか好ましくないものかを決める唯一の参照先だったのだ。これこれのことよりむしろいいようなものは何もないのですが。これは無への意志ではない。意志の無の増大である。バートルビーは生き延びる権利を、つまり行き止まりの壁を前にして立ったまま動かずにいる権利を勝ち得た。それは、ブランショなら言うところの、忍耐ある純粋な受動性である。存在としての、それ以上ではない存在である。彼は然りか否かを口にするように迫られる。だが仮に、否(照合や買いものをしたくない)と言ったり、然り(筆写をしたい)と言ったりしたなら、彼はすぐさま打ち負かされ、無用なものと判断されて、生き延びはしないだろう。あらゆる人から距離を保つ宙吊りのなかで堂々めぐりをしなければ、彼は生き延びることができないのだ。彼の生き延びる手段は、照合しないほうがいいというものだが、その手段はまた、筆写するほうがいいのではないということにもなる。彼は一方を拒まなければならなかったが、それによって他方は不可能になってしまった。[34]

ドゥルーズはこのように、「しないほうがいいのですが」というメッセージに、それを発語している人物の圏域のほうから接近し、人物を解放すると同時に無へと押しやってしまうこの定式の力を（もちろん若干の憶測を加えながらではあるが）そのまま捉えようとする。バートルビーは、あらゆることに対して無差別に「……ほうがいい」という好みにもとづいて機械的に発語することで生き延びを図りはするが、そのことによって、じつは特定のものに対する好みをもつことができない状況に陥ってしまい、つまりは好み自体が全般的に抹消される限界的な不分明地帯の無限の拡大が帰結する、というわけだ。好みの絶対化によって、好みを含む生がまるごと廃絶されることになる。

しかし、ドゥルーズはこの物語を必ずしも悲劇的なものとして捉えてはいない。「しないほうがいいのですが」が開いてみせる「不分明地帯」と、その地帯の生起によって空間（制度的な社会空間や言語空間）に創造される未聞の混乱を彼はむしろ肯定的に捉え、「クライスト、ドストイェフスキイ、カフカ、ベケット」同様の「暴力的に滑稽な」、「文字どおり」の滑稽さを評価している。[35] この「大都市で押し潰され機械化されてしまった人間」は、「そこから〈未来の人間〉ないし〈新世界の人間〉が出てくると期待されるかもしれない」[36] 当のものとまで書かれる。だが、じつのところ、そこで提示される「独身者たちの共同性」[37] は、私たちが何らかのしかたでバートルビーを幾分は兄弟であると見なすことができなければ、想像することは困難だろう。そのためにドゥルーズは「アメリカ」や「プロレタリアート」といった共同性の形象を提示してみせるが、それらの形象を通じてさえも、残念ながらその想像が容易になるとは思われず、つまるところ、バートルビーの謎は、性急に肯定的な抵抗へと還元されてしまった印象を与えてしまいかねない。要するに、そこでは定式の力はたしかに肯定されてはいるにせよ、その力の微弱さが、おそらくはドゥルーズの意に反して、看過されてしまうおそれがある。

そこで「到来する人民[38]」の範型とまで言われているバートルビーのありかたを、さらに謎に忠実なまま読解するには――つまりは、安易な共感に対する警戒を充分に払いながらもそこに接近するには――どうすればよいのだろうか？　そこで参考になるテクストが一つある。ジョルジョ・アガンベンが一九九三年に、ドゥルーズによるバートルビー論のイタリア語訳とあわせて刊行した「バートルビー　偶然性について」である[39]。

このテクストはドゥルーズのテクストから独立したものとして書かれてはいるが、二つの箇所でドゥルーズに言及しており、そのそれぞれが、この困難をめぐって議論が展開されている箇所に相当している。ここでは第一の箇所について若干を書いてみたい[40]。

アガンベンは、ドゥルーズの指摘したバートルビーの定式のディレンマを、いわば、さらに逆に捉えてみせる。特定の参照先を失った好みは、意志のない絶対的な好みとして姿を現すことになる。

「……」バートルビーは、ただ意志なしでいることができる。彼は、絶対的潜勢力《ポテンティア・アブソルタ》によってのみ可能である。しかし、だからといって、彼の潜勢力が実効性をもたないというのでもないし、意志がないからといって現実のものにならずにとどまっているというのでもない。その反対に、彼の潜勢力はいたるところで意志を超え出ている（自分の意志をも、他の者たちの意志をも超え出ている）。カール・ファレンティンの「それを欲するということ、このことを私は欲していた。だが私はそれができるという感じがしなかった」という冗談を転倒して、バートルビーについては、何かを絶対的に欲するということのないままに為すことができること（そしてまた、為さないことができること）に成功した、と言うことができるかもしれない。彼の「しないほうがいいのですが」という言葉のもつ還元不可能な性格はここに由来する。それは、筆写することを欲していない、ということでも、事務所を離れないことを欲している、ということでもない――単に彼は、それをしないほうがいいのである。これほど頑固に反復される定式は、できることと欲すること、絶対的潜勢力《ポテンティア・アブソルタ》と秩序づけられた潜勢力《ポテンティア・オルディナタ》のあいだの関係を構築する可能性すべてを破壊してしまう。この定式は、潜勢力の定式である。[41]

そして、アガンベンはドゥルーズの語る「不分明地帯」へと歩みを進め、その地帯を直視しようと試みる。それにあたって——一見すると突飛にも思われるが——参照するのが懐疑論者たちの特有の態度、すなわち判断の宙吊りである。「問題となるのは「より以上ではない《ウー・マロン》」という、懐疑論者たちが彼らに特有のパトスである宙吊り《エポケー》を表現するにあたって用いた術語である」(42)——

ディオゲネスはピュロンの生についての一節に次のように書いている。「懐疑論者たちはこの表現を肯定的にも否定的にも用いない。たとえば、何らかの議論を反駁するにあたって「スキュラが存在するのはキマイラが存在するより以上ではない《ウー・マロン》」と言うときがそうである」。だが、この用語は純然たる比較を指し示すものとして用いられているのでもない。「じつのところ、懐疑論者たちは、この「より以上ではない」自体をも取り除く。摂理が存在するのが存在しないより以上ではないように、「より以上ではない」が存在するのも存在しないより以上ではない」。セクストス・エンペイリコスもまた、この「より以上ではない《ウー・マロン》」のもつ自己言及的な特有の立場を頑固に主張している。「「あらゆる言説は偽である」という命題が言っているのは、他の命題と同様、その命題もまた偽であるということである。それと同様に、「より以上ではない」という定式が言っているのは、その定式が存在するのは存在しないより以上ではないということである

「……」。この表現が肯定として提示されても否定として提示されても、我々はその表現を肯定や否定といった意味で用いるのではない。我々はその表現を、無差別的なしかたで、いわば濫用的なしかたで用いる」。

筆生が自分の執拗な定式を用いるしかたを、これほどはっきりと特徴づけることはできないだろう。しかし、この類比はまた別の方向にたどることもできる。セクストスはこの「より以上ではない《ウー・マロン》」という表現の意味について注釈した後、次のように付け加えている。「最も重要なのは、この表現を言表するとき、懐疑論者は現象を言い、憶見《ドクサ》なしにパトスを告知する《アパンゲレイン》ということである」。普通はこの形で記録されてはいないが、この最後の表現（「パトスを告知する《アパンゲレイン》」）もまた懐疑論者たちの語彙に含まれる術語である。じつのところ、セクストスの『ピュロン主義哲学の概要』のまた別の一節に、この表現が、同じ意味で見いだされる。「我々が「すべてのものは理解不可能である」と言うとき、我々は、独断論者たちの探究しているものが本性上理解不可能なものだと言いたいのではない。我々は、ただパトスを告知する《アパンゲレイン》にとどめるのである[43]」。

特定の判断のないところであっても、そこにパトスが存在していないとはかぎらない。そのことを告知するのがバートルビーのメッセージである。（事情は少し異なるが、日常生活で、意志をともなう何らかの応答を求められた人が「べつに……」と口ごもることがある。そのときに交流されるものこそまさしく、バートルビーの事例とのあいだに程度の差はあれ、この純粋なパトス、特定の参照先をもたないままに存在を肯定される好みなのではないだろうか?) そこに剝き出しになるのはその人の存在そのもの、あるいは何をすることもしないこともできるという潜勢力そのものと言えるにちがいない。

像のない像　バートルビーの立場

だが、ドゥルーズやアガンベンによる読解の試みは、やはりバートルビーの存在に何らかの地位を与えて、あの窮極の居心地の悪さを解消しようとするものだと思われるかもしれない。

ここでは、彼の占めるありうべき立場として、何らかの像(階級や所属などの形象)が想定できるか検討してみよう。バートルビーはどのような階級に所属しているのだろうか? たとえば、歴史的ないし社会学的な視点から当時のニュー・ヨークにおける労働者の状況を想像することはできる(44)。しかし、バートルビーはそのような労働者階級に属していると言えるだろうか? 丁重な身振りからすると彼が没落貴族だと想像できなくもないという憶測はとりあえず措くとしても(45)、そもそも、階級闘争がしばしば帯びている栄光が彼の抵抗の身振りにはまったく見られない(46)。法律家の階級がバートルビーの階級（仮にバートルビーが階級に属しているとして）とは異なるということは明らかだとしても、そのことから、バートルビーの身振りのうちに階級意識や階級闘争が見いだされるという結論は導かれない。

それでは、彼は、階級に所属しない者たちのうちに数えられるのだろうか？　たとえば、彼はあらゆる階級を脱した者たちを名指す、あの「暴徒《モブ》」に属するのだろうか？（ちなみに、バートルビーの物語の展開された時期は物語中には正確に記されていないが、フランスでは二月革命（一八四八年）前後に相当するような時期だと思われる。なお、その革命の余波はニュー・ヨークにも達し、まもなく「アスター広場の暴動」（一八四九年五月十日）と呼ばれる流血の惨事が起こる。このような出来事は、階級意識や労働者としての帰属意識の消滅、つまりは暴徒の出現と軌を一にするものだという(47)。）

この物語にも「暴徒」という語は二回だけ登場する。第一の箇所は、バートルビーの領域に語り手が侵入したところに相当する。そのとき、バートルビーは「私はここで独りにしておいていただけるほうがいいのですが」と言うのだが、語り手はこれを「まるで、自分の私的領域が暴徒によって占められ損なわれたというかのようだった」と分析する。第二の箇所は、建物に住み憑いてしまったバートルビーについて、建物の家主が借家人たちの懸念を代弁したところに相当する。「皆さんが気にしています。客は事務所から出て行ってしまうし、暴徒のことも恐ろしくなくはない」。後者では、バートルビーが暴徒に属するかもしれない

(少なくとも、暴徒を呼び寄せてしまうかもしれない)という恐れが語られているが、じつのところ、彼ほど暴徒の行動様式から遠い者もない。彼は、衝動性とも被暗示性とも明らかに無縁だ。第一の言及は、後者に見られる暴徒への懸念を時代的にも階級的にも共有していただろう語り手が、暴徒を恐れる自分をバートルビーに投影したものと読める。そこでは、バートルビーは、階級を形成しない者たちから分離されているのみならず、その分離のなかにありながら、その者たちに対するブルジョワジーの身振りを重ねあわせられてはじめて振る舞いを解読されるという、幾重もの排除を被っている。

では、彼は誰なのか？　同じような扱いを受けるのは、たとえば「浮浪者」である。ある研究者は、一八三〇年代のニュー・ヨークの街路を彷徨っていた人物の事例をバートルビーと比較している。そのうちの一人は「振る舞いは無害で目立たない」マクドナルド・クラークという風変わりな詩人で、「街路をぶらつき、ぼんやりとした様子で、まるで何か痛切な悲しみを背負っているかのように舗道をじっと見つめていた」という。彼もバートルビーと同じく「霊廟」に送られたらしい(48)。バートルビーもまた、「霊廟」に送られるときには「浮浪者」という分類を与えられたらしい(49)。とはいえ、この分類は、分類された者たちを何らかの階級への所属に結びつけるものではない。これは、あらゆる所属からの排除に与えられた仮の名にほかならない。バートルビーが「霊廟」に連行されていく光景は、彼が群衆から排除された者であることを明らかに示している。「バートルビーの腕を取った巡査の一人が先頭に立ち、静かな行列は、活気に満ちた正午の往来の騒音と熱気と歓喜のなかを通っていった」。浮浪者と呼ぶことすら排除である――いやむしろ、今やそれは窮極の排除を構成する。

だが、そのような排除にもかかわらず、バートルビーは自分の場に（地理的な移動はあるが）とどまり続ける。是非はともあれ、彼は自分の定式「しないほうがいいのですが」とともに、ある立場に身を置き続けることになる。その立場はどのような形象を提示するものなのだろうか？

アガンベンがこの論文でほんのわずかだけ暗示しているまた別の存在のことを考えてみよう。アガンベンは、潜勢力に関するイスラームの思考の一潮流（宿命論として認識されている）を紹介し、「ナチスの収容所《ラーガー》の住人のなかでも最も暗い形象である「ムスリム」の名はここに（つまりイスラームの宿命論に）由来する」とだけ注記しているのだ。

「ムスリム」とは、第三帝国の収容所で、生きる力を失い死を待つだけの収容者を指すために用いられた隠語である。彼らがそう呼ばれた理由はつまるところ不明だが、立つこともできずに座りこんで体を屈している姿勢がムスリムの礼拝の様子に似ていたからではないか、という憶測もある。[50] その是非はともかく、確かなのは、彼らに唯一残された身振りがその屈服の姿勢だったということだ。それは身振りとも言えない身振り、他の身振りを気力もろともにすべて奪われた者の身振りだ。

ところで、「壁の下のところに奇妙なふうに体を屈して膝をかかえ、横向きに寝そべり、頭は冷たい石に触れている、ぐったりしきった」男がここにいる。「霊廟」で最期を迎えるバートルビーである。この身振りこそ、「不分明地帯」に身を置く彼らに共通の身振りなのではないだろうか？　この身振りのない身振りとでも呼べるものはあまりにも一般的、あまりにも大まかなので、ある人々の所属を示す像と見なされることはない。だが、この像のなさこそまさに彼らの居場所だという可能性をアガンベンは示唆しているように思われる。(51)

しかし、その「不分明地帯」にあっても、「ムスリム」という命名に一つの起源を与えているイスラームの（ムタカッリムーンと呼ばれるスンニ派の神学者らによる）宿命論では「好み」に至る道が抹消されているのに対し、バートルビーのほうでは「好み」以外のすべてが抹消されている、という違いはある。この二つの見分けがつかないということこそ「不分明地帯」の特徴なのだが、ここでなおもありうると思われる——というよりむしろ、期待される——のが、「好み」の微弱な力の存続なのだ。

死へと行き急ぐものが存在する。そこには意味も生産性もない。それはどのような矯正の試みにも抵抗するが、だからといって、抵抗するにあたって何らかの強い力を示すわけでもない。そのようにして、それは目に見えないものになっていくが、とはいえそれが存在していることに変わりはない。そこにおいて、救済に依拠する語りは限界に到達する。そのような像のなさに対して「私たち」ができるのは、解きほぐすことのできないその結び目自体に対して場を与えることだけとも思える。しかし、因習的な救済をひとたび離れれば、「私たち」もまた、自分のなかの「像のなさ」へと到達することができるのかもしれない。たしかに、「壁の下のところに奇妙なふうに体を屈して膝をかかえ、横向きに寝そべり、頭は冷たい石に触れている、ぐったりしきった」姿勢はあまりにも平凡なので、「私たち」に共通のものとして——ましてや「政治的なもの」としては——口にすることすらためらわれるように思える。だが、この特異な形象の出発点こそ、まさしくこの生死の判別しがたい姿勢なのだろう。メルヴィルが試みたのは、この像のなさ自体の痕跡を残すことだったのかもしれない。

この試みが成功しているかどうかは、居心地の悪さという形を取るバートルビーの精神が、どれほど読者に謎としてとどまるかによって量られるにちがいない。そして、その謎とともにあるということこそ、おそらくは、作品への忠実さへと向かう道にほかならない。

（1）Herman Melville, «Bartleby, the Scrivener : A Story of Wall-Street», in *Putnam's Monthly Magazine*, vol. II, nº 11, New York, November 1853, pp. 546-557; vol. II, nº 12, New York, December 1853, pp. 609-615. このオリジナル版は、たとえば以下に複写が見られる。Howard P. Vincent (ed.), *Bartleby the Scrivener* (*Melville Annual 1965*), Kent, Kent State University Press, 1966.

（2）H. Melville, «Bartleby», in *The Piazza Tales*, New York, Dix & Edwards, 1856, pp. 31-107. この本に収録したのはこの版の日本語訳である。初出時との異同の詳細については以下を参照のこと。H. Melville, *The Writings of Herman Melville*, vol. IX (*The Piazza Tales and Other Prose Pieces*; Harrison Hayford et al., ed.), Evanston & Chicago, Northwestern University Press and The Newberry Library, 1987, pp. 577-580.

（3）日本語訳は数多く発表されている。最近の主なものには以下がある。「バートルビー」、『幽霊船』坂下昇訳、岩波書店、一九七九年、一六三‐二四一頁。「バートルビー」、『乙女たちの地獄』杉浦銀策訳、国書刊行会、一九八三年、五‐五六頁。『代書人バートルビー』酒本雅之訳、国書刊行会、一九八八年。「バートゥルビィ」、『メルヴィル中短篇集』原光訳、八潮出版社、一九九五年、七‐四六頁。これ以外にも日本語訳はいくつか存在する。だが、ここに挙げたものを含め、二〇〇五年六月現在、残念ながらほとんどが絶版ないし品切れになっている。

（4）Maurice Blanchot, *L'écriture du désastre*, Paris, Gallimard, 1980, p. 213.（以下、引用にあたっては、日本語訳が存在するものについては該当箇所の指示は日本語訳でおこなうが、文言は必ずしもその訳にはよらない。）

（5）Herman Melville, «Bartleby l'écrivain», in *Les îles enchantées* (Pierre Leyris, trad.), Paris, Gallimard, 1945, pp. 109-175. ちなみに、この題は後に、翻訳者のレリス自身によって «Bartleby le scribe»

という、曖昧さを残さないものへと変更された。

（6）なお、カフカと「バートルビー」のメルヴィルとを接近させる読解は今日では一般化している。一九四四年にはホルヘ・ルイス・ボルヘスが次のように書いている。「その短篇集［『ピアザ物語』］の別の物語について、それは半世紀近くも後になってジョゼフ・コンラッドが同種の作品を発表するまで十全には理解されなかった、とジョン・フリーマンは主張している。私なら、「バートルビー」にはカフカの作品が事後的に奇妙な光を投げかけている、と言うところだ」（ボルヘス「ハーマン・メルヴィル『バートルビー』」（一九四四年）内田兆史訳、『序文つき序文集』国書刊行会、二〇〇一年、二二六頁）。なお、「バートルビー」のメルヴィルがある時代錯誤によってカフカの同時代人になるというこの発想はボルヘスのお気に入りだったらしく、以下でも反復されている。ボルヘス「序文」（一九七八年）土岐恒二訳、メルヴィル『代書人バートルビー』（前掲）一三頁。メルヴィルとカフカの親和性をめぐる議論については以下にその歴史の概観が見られる。Florence Godeau, *Récits en souffrance*, Paris, Kimé, 2001, pp. 13-16. また、そこでは言及されていないが、以下の実存論的読解もすでにその種の古典である。Maurice Friedman, *Problematic Rebel*, New York, Random House, 1963 (Chicago, The University of Chicago Press, 1970).

（7）M. Blanchot, «L'enchantement de Melville», in *Paysage dimanche*, nº 27, 16 décembre 1945, p. 3. このテクストの存在を示唆してくれた郷原佳以氏に感謝する。

（8）これに類する見解を示しているテクストも数多いが、たとえば以下がある。Dan McCall, *The Silence of Bartleby*, Ithaca, Cornell University Press, 1989. この示唆に富んだ研究の全体にわたって、マッコールは、短篇の解釈によってもたらされた研究の隆盛の全体を「バートルビー産業」と呼び、それらの謎解きの恣意性を個々にあげつらって執拗に辛辣な批判を加えている。

(9) M. Blanchot, *L'écriture du désastre* (*op. cit.*), pp. 33-34. この断片は、以下を若干修正したものである。M. Blanchot, «Discours sur la patience», in *Nouveau Commerce*, nº 30/31, Paris, Nouveau Commerce, printemps 1975, pp. 27-28.

(10) M. Blanchot, *L'écriture du désastre* (*op. cit.*), p. 219.

(11) たとえば、このことを使った駄洒落がルイス・キャロル『不思議の国のアリス』(一八六五年)の一挿話に見られ、この地口はフランス語訳でもそのまま保存されている。Cf. Lewis Carroll, *Alice's Adventures in Wonderland*, in Martin Gardner (ed.), *The Annotated Alice* (1960), London, Penguin Books, 1970, p. 52; L. Carroll, *Les aventures d'Alice au pays des merveilles* (Henri Parisot, trad.), in H. Parisot (éd.), *Tout Alice*, Paris, Flammarion, 1979, pp. 115-116.

(12)「受動的なもの」をめぐる断片は、『彼方への歩み』(一九七三年)と『災厄のエクリチュール』(一九八〇年)に散在している。この二冊はともに完全な日本語訳がまだ存在しないが、それらから抜粋された断片のいくつかが、以下に日本語訳で読める。ブランショ「回帰と忘却の思考」豊崎光一編訳、『ユリイカ』第一七巻、第四号、青土社、一九八五年四月、四四‐四七頁。

(13) Jacques Derrida, «Pas» (1976), in *Parages*, Paris, Galilée, 1986, p. 54 (2003, p. 50).

(14) 以下には、「バートルビー」への比較的まとまった言及がある。デリダ「死を与える」(一九九〇年)廣瀬浩司訳、『死を与える』筑摩書房、二〇〇四年、一五五頁‐一五八頁。また、「バートルビー」への直接の言及はないが、短篇の最後に登場する「死んだ手紙〔配達不能郵便〕」に関する考察は以下に見られる(一九七七年一〇月十四日に書かれたとおぼしい)。J. Derrida, «Envois», in *La carte postale*, Paris, Flammarion, 1980, p. 136. なお、一九九〇年代に入ると、デリダは講義でも「バートルビー」を扱うようになる。以下を参照のこと。デリダ「死を与える」（前掲）二三八頁。以下にも言及が見られる。Mitchell Stephens, « Jacques Derrida and Deconstruction », in *The New York Times Magazine*, New York, The New York Times, January 23, 1994, p. 24.

（15）以下を参照のこと。ジークムント・フロイト「制止・症状・不安」（一九二六年）井村恒郎訳、『フロイト著作集６』人文書院、一九七〇年、三六六－三六八頁。

（16）デリダ「抵抗」（一九九一年）鵜飼哲訳、『みすず』第三八巻、第八号、みすず書房、一九九六年八月、一〇六頁。

（17）同書、一〇六－一〇七頁。

（18）Cf. Mordecai Marcus, « Melville's Bartleby as a Psychological Double », in *College English*, n° 23, Chicago, National Council of Teachers of English, 1962, pp. 365-68; Ted Billy, « Eros and Thanatos in "Bartleby" », in *The Arizona Quarterly*, n° 31, Tucson, University of Arizona, 1975, pp. 21-32; Toshiyuki Ohwada, « The Intensity of Repetition », in *Colloquia*, n° 22, Tokyo, Colloquia (Keio University), 2001, pp. 71-80.

（19）この点を意識した適切な論考として以下がある。鈴木聡「死の配達人」、『ユリイカ』第一八巻、第一三号、青土社、一九八六年一二月、二〇二－二一七頁。その二一五頁で鈴木は以下のように書いている。「ラカンが「無意識における文字の審級、あるいはフロイト以降の理性」（一九五七）で引用している『コリント後書』第三章第六節に見られる聖パウロのことば、「文字は殺し、精神は生かす」は、精神分析と文学の双方に共通するアポリアとなってきた。メルヴィルが文字の死をめぐる悲劇的なヴィジョンを提示しているのに対して、フロイトとラカンは、文字化されたものがなん度となく反復して現前する可能性にもとづいて無意識なるものを理論化しようとした。そこから産出されてくる治癒と健全の物語は、少なからずいかがわしい。陰惨さを回避しようとするあまりに、よりいっそう陰惨なものとなっているといってもよいくらいだ」。

(20) Cf. D. McCall, «“A Little *Luny*”», in *The Silence of Bartleby* (*op. cit.*), pp. 33-58.

(21) ヴィルヘルム・ライヒ『性格分析』(一九三三年) 小此木啓吾訳、岩崎学術出版社、一九六六年。

(22) 同書、四四－四五頁。

(23) Bernard Terramorsi, «Bartleby or the Wall», in *Europe*, n° 744, Paris, Europe & Messidor, avril 1991, p. 87.

(24) ジャック・ラカンに帰せられる新たな伝統のことも想起される。それによると、長椅子の背後にいる人がではなく、長椅子に横たわっている人のほうが分析をおこなう者と呼ばれる。ラカン派による説明としては以下が参照できる。ロラン・シェママ「分析主体」加藤誠訳、シェママ編『精神分析事典』(一九九三年) 弘文堂、一九九五年、三二七－三二八頁。

(25) たとえば以下を参照のこと。中村紘一「A Delicious Self-Approval」、『日下部徳次教授退官記念論文集』京都教育大学、一九七九年、二〇五－二一二頁。

(26) たとえば以下を参照のこと。マイケル・T・ギルモア「「書記バートルビー」と経済の転換」(一九八五年)、『アメリカのロマン派文学と市場社会』片山厚・宮下雅年訳、松柏社、一九九五年、一九七－二一七頁。そのような語りの歪曲があるという了解からの派生物として、以下のような研究も挙げることができる。ルーシー・マドックス「書くことと沈黙と」(一九九一年) 丹羽隆昭・溝口健二訳、『リムーヴァルズ』開文社出版、一九九八年、七七－一三八頁。そこでは、法律家とバートルビーの関係が、当時の実在する法律家と彼が事務員として雇用したアメリカ先住民（チョクトー族）の若者との関係の破綻の物語に重ねられている。この読解に多くを負った論考に以下もある。荒このみ「バートルビーの「ある神秘的なる目的」」、中央大学人文科学研究所編『イデオロギーとアメリカン・テクスト』中央大学出版部、二〇〇〇年、八九－一三五頁。

(27) その点では、たとえば以下に見られるような慎重な見解が説得的である。若島正「死せる手紙」（一九九五年）、『乱視読者の帰還』みすず書房、二〇〇一年、一二－二二頁。そこで若島は、語り手の欺瞞を強調する読解に対して留保を設け、語り手の感傷性には警戒が必要だとしても、多少なりとも信頼に足る善良さが語り手のうちに前提されなければ語りは存在しないし、読者はその善良さを共有しなければその語りを読まないだろう、と指摘している。

(28) この状態については、事務所の内部を見取図にして具体的に示していることを含め、以下が参考になる。福本圭介「バートルビィに公正であること」、『立教アメリカン・スタディーズ』第二一号、立教大学アメリカ研究所、一九九九年、一一一－一三五頁。

(29) M. Blanchot, «L'enchantement de Melville» (*op. cit.*). 注（7）に同じ。

(30)「絶対的に受動的なもの」という表現は撞着語法として読まれるおそれが充分にある。だが、その撞着語法を前にしたときの居心地の悪さはおそらく、「バートルビー」の居心地の悪さから遠くない。

(31) H. Melville, *Bartleby, Les îles enchantées, Le campanile* (Michèle Causse, trad.), Paris, Flammarion, 1989.

(32) ジル・ドゥルーズ「バートルビー、または決まり文句」（一九八九年）谷昌親訳、『批評と臨床』河出書房新社、二〇〇二年、一四三－一八二頁。

(33) 日本語訳の刊行される前に書かれた注解の試みとして、以下も読むことができる。西山けい子「生成する天使」、『Becoming』第八号、BC出版、二〇〇一年、三一-五二頁。大崎晴美「法の閾」、『現代思想』第二九巻、第一六号、青土社、二〇〇一年一二月、八-二八頁。

(34) ドゥルーズ「バートルビー、または決まり文句」(前掲) 一四七-一四九頁。文中、「……ほうがいいのですが」「しないほうがいいのですが」は英語で、それぞれ «I would prefer», «I would prefer not to» とある。

(35) 同書、一四三頁。

(36) 同書、一五三-一五四頁。

(37) 同書、一七〇頁。

(38) 同書、一七九頁。

(39) この本に収録したのがそのテクストである。以下にあたる。Giorgio Agamben, «Bartleby o della contingenza», in G. Agamben & G. Deleuze, *Bartleby : La formula della creazione*, Macerata, Quodlibet, 1993, pp. 43-85. なお、アガンベンがバートルビーに明示的に言及するのは以下が最初である。G. Agamben, «Bartleby non scrive più», in *Il manifesto*, Roma, 3 marzo 1988, p. 3. その後、「バートルビー　偶然性について」の最初の萌芽と見なせる以下のテクストが発表されている。G. Agamben, «Bartleby», in *La comunità che viene*, Torino, Giulio Einaudi, 1990, pp. 25-27 (Torino, Bollati Boringhieri, 2001, pp. 33-35).

(40) 第二の箇所は、ドゥルーズがバートルビーを「新たなキリスト」と呼んでいることへの言及であるが、その箇所はバートルビーの可能性をメシア主義のなかに読む試みになっている。たしかに、バートルビーを特定の英雄（反英雄を含む）や実在の人物（作家メルヴィル自身を含む）へと単純に近づけて同一視や投影をおこなう無数の読解は問題外であり、その全面的批判が以下に読める。D. McCall, «Swimming through Libraries», in *The Silence of Bartleby* (*op. cit.*), pp. 1-32. だが、ここで言われる「キリスト」は、メシア的な操作をおこなう人物に付された仮の名だと考えなければ意味を失う（イエスの具体的な言行とバートルビーのそれとのあいだの対応関係の同定などが問題なのではない）ということを理解しさえすれば、この暫定的な命名にも理があることになるだろう。詳しくは、アガンベンによる議論（本書、八二頁）を参照のこと。

(41) 本書、四一－四二頁。

(42) 本書、四五頁。以下、原語指示は煩雑なので省略する。

(43) 本書、四五－四六頁。

(44) 以下はその方向で「バートルビー」を読解している。ギルモア「「書記バートルビー」と経済の転換」(前掲)。

(45) Cf. D. McCall, «"A Passive Resistance"», in *The Silence of Bartleby* (*op. cit.*), p. 62. その身振りはすでに述べた「潜在性抵抗」によるものかもしれない。いずれにせよ、この種の「抵抗」が身振りにおける階級の分類を容易に乱すということは示唆的である。

(46) その受動的抵抗をヘンリー・デイヴィド・ソローやモーハンダース・カラムチャンド・ガーンディーにおける抵抗と結びつけるたぐいの読解を批判しているものとして以下がある。D. McCall, «"A Passive Resistance"» (*op. cit.*), pp. 59-77. なお、当時の労働者階級の動向についてはたとえば以下が参照できる。ショーン・ウィレンツ『民衆支配の讃歌（下）』（一九八四年）安武秀岳監訳、木鐸社、二〇〇一年、一八九－二二五頁。

(47) 以下を参照のこと。ウィレンツ『民衆支配の讃歌（下）』(前掲) 一八三－一八六頁。

(48) Allan Moore Emery, «The Alternatives of Melville's "Bartleby"», in *Nineteenth-Century Fiction*, vol.

XXXI, n° 2, Berkeley, University of California Press, 1976, p. 178, n. 14.

（49）「霊廟」についてはたとえば以下が参照できる。Charles Sutton, *The New York Tombs*, Montclair, Patterson Smith, 1873; Luc Sante, *Low Life*, New York, Farrar, Straus & Giroux, 1991, pp. 244-245.「霊廟」は当時アメリカで流行した古代（とくにエジプト）の建築様式を模した（この綽名はそこに由来する）監獄だが、アガンベンはこの様式からの連想で、潜勢力の概念人物であるバートルビーを閉じこめるその空間を、ライプニッツの偶然論におけるピラミッド（充足理由律によって支配されている）になぞらえるという遊びをしている（本書、六八 - 七三頁）。ちなみに、「バートルビー」における必然性や偶然性を論じた試みはすでに存在し、研究のトポスとなってさえいるが、そこにはライプニッツのピラミッドは見あたらない。Cf. Walton R. Patrick, «Melville's "Bartleby" and the Doctrine of Necessity», in *American Literature*, n° 41, Durham, Duke University Press, 1969, pp. 39-54; A. M. Emery, «The Alternatives of Melville's "Bartleby"» (*op. cit.*), pp. 170-187. また、語り手自身が言及しているジョゼフ・プリーストリとジョナサン・エドワーズの著作——意志はすべてあらかじめ摂理によって決定されていると主張するもの——にも、ライプニッツのピラミッドは登場しない。

（50）以下を参照のこと。アガンベン『アウシュヴィッツの残りのもの』上村忠男・廣石正和訳、月曜社、二〇〇一年、五六頁。

（51）同趣旨のことをすでに以下の拙稿に書いた。高桑和巳「解題」（アガンベン「ギー・ドゥボールの映画」解題）、『総特集ゴダール』河出書房新社、二〇〇二年、二一九 - 二二〇頁。さらに、以下もご参照いただければ幸いである。「その他の人々を見抜く方法」、『d/SIGN』第七号、太田出版、二〇〇四年四月、一二二頁 - 一二九頁。「デリダとバートルビー」、『d/SIGN』第九号、太田出版、二〇〇四年一二月、七八頁。

翻訳者あとがき

ここに日本語訳したものは、以下を底本としている。

ジョルジョ・アガンベン「バートルビー　偶然性について」
Giorgio Agamben, «Bartleby o della contingenza», in G. Agamben & Gilles Deleuze, *Bartleby : La formula della creazione*, Macerata, Quodlibet, 1993, pp. 43-85.

ハーマン・メルヴィル「バートルビー」
Herman Melville, «Bartleby», in *The Piazza Tales*, New York, Dix & Edwards, 1856, pp. 31-107.

ただし、前者については、不明点に関して以下も参照した。
G. Agamben, *Bartleby ou la création* (Carole Walter, trad.), Saulxures, Circé, 1995.
G. Agamben, «Bartleby, or On Contingency», in *Potentialities* (Daniel Heller-Roazen, ed. & trans.),

Stanford, Stanford University Press, 2000, pp. 243-271.

後者については、不明点に関して以下も参照した。

H. Melville, «Bartleby, the Scrivener : A Story of Wall-Street», in *Putnam's Monthly Magazine*, vol. II, nº 11, New York, November 1853, pp. 546-557; vol. II, nº 12, New York, December 1853, pp. 609-615.

H. Melville, «Bartleby the Scrivener : A Story of Wall-Street», in *The Writings of Herman Melville*, vol. IX (*Piazza Tales and Other Prose Pieces*; Harrison Hayford et al., ed.), Evanston & Chicago, Northwestern University Press and The Newberry Library, 1987, pp. 13-45.

出版の経緯を簡単に説明しておく。

はじめ、アガンベンの思考に関心を抱いている翻訳者は、彼の単行本未収録の論文のうち、重要と思われるものを集めて独自の論文集として刊行することを考えた。論文の取捨選択をめぐって原著者とも幾度か話しあいをおこなったが、論文を絞りこむことに困難があった。

そのうちに、ダニエル・ヘラー＝ローゼンが『潜勢力《ポテンシャリティズ》』と題するアガンベンの論文集を英語で編み、刊行した。ヘラー＝ローゼンのおこなった選択は（いくつかの重要なテクストを収録していない点は惜しまれるにせよ）適切だというのが、翻訳者と原著者に共通の認識であったため――原著者はもちろん英語版における論文選択に協力している――、結局、独自の選択案は白紙に戻し、この英語版の論文集の選択を原則として採用することになった。

ただし、この論文集は大部であり、そのまま全訳して一冊の本として刊行するには若干の困難が予想された。二冊に分ける案などが原著者とのあいだで検討されたが、そのうちにいたずらに時間が経ってしまった。（最近になって、イタリア語でも『思考の潜勢力』と題する論文集が出版された。これは英語版『潜勢力』から「バートルビー」を除き、イタリア語で今まで単行本に収録されていなかった他の数篇のテクストを追加したものである。）

そこで、とりあえず、『潜勢力』に収められているなかでも最大かつ最重要の論文である「バートルビー　偶然性について」（巻末に置かれ、原著者の思考の一つの到達点であることが暗示されている）を単独で刊行して読者に提供するのが良いのではないかという案が原著者から出された。

しかし、そのテクストが重要な参照対象としている当のメルヴィルの短篇が、今のところ日本語では容易に入手できないということもあり、また、アガンベンのテクストを単独で刊行することはいささか不親切だということもあって、メルヴィルの短篇とあわせて一冊の本にすることを原著者に提案し、合意を得た。

メルヴィルの短篇にはすでに何種類もの日本語訳が存在しており、当初、それらから一つを選んで用いることも考えたが、検討の結果、それぞれの試みにはさまざまの苦労と工夫が見られることはたしかだとしても、問題の定式「しないほうがいいのですが」をはじめとする少なくない箇所について納得のいく（原文に可能なかぎり忠実で、議論のための引用に堪える）既訳が存在しないと判断されたため、新たに日本語訳を試みることにした。なお、通例とは異なり、底本に初出である「一八五三年版」ではなく「一八五六年版」を用いたのは、メルヴィル本人の手になる修正を生かすべきと考えたからである。念のため注記しておく。

これらの二転三転した決定のそれぞれに対しては、編集者の小林浩さんがつねに寛容な理解を示し、そのつど必要な手配をしてくださったことは言うまでもない。

末筆ながら、本文中のアラビア語表記について、慶應義塾大学文学部教授の堀江聰氏と、同大学言語文化研究所の野元晋氏にいただいたご教示に対しても、記して謝したい。

二〇〇五年六月

高桑和巳

高桑和巳（たかくわ・かずみ）
1972年生まれ。現在、慶應義塾大学理工学部教授。著書に『アガンベンの名を借りて』（青弓社、2016年）、『哲学で抵抗する』（集英社新書、2022年）などがある。訳書にフーコー『安全・領土・人口』（筑摩書房、2007年）、ボワ&クラウス『アンフォルム』（共訳、月曜社、2011年）、マリー『ジョルジョ・アガンベン』（青土社、2014年）のほか、アガンベンの翻訳（『ホモ・サケル』『人権の彼方に』『思考の潜勢力』『ニンファ　その他のイメージ論』『王国と栄光』『スタシス』『私たちはどこにいるのか？』『散文のイデア』など）がある。

ジョルジョ・アガンベン（Giorgio AGAMBEN）
1942年ローマ生まれ。イタリアの哲学者。著書に、1970年『中味のない人間』（人文書院、2002年）、1977年『スタンツェ』（ありな書房、1998年；ちくま学芸文庫、2008年）、1979年『幼児期と歴史』（上村忠男訳、岩波書店、2007年）、1982年『言語と死』（上村忠男訳、筑摩書房、2009年）、1985年／2002年『散文のイデア』（高桑和巳訳、月曜社、2022年）、1993年『バートルビー』（高桑和巳訳、月曜社、2005年；新装版、2023年、本書）、1990年『到来する共同体』（上村忠男訳、月曜社、2012年；新装版、2015年）、1995年『ホモ・サケル』（高桑和巳訳、以文社、2003年）、1996年『人権の彼方に』（高桑和巳訳、以文社、2000年）、1996年／2010年『イタリア的カテゴリー』（岡田温司監訳、みすず書房、2010年）、1998年『アウシュヴィッツの残りのもの』（上村忠男・廣石正和訳、月曜社、2001年；新装版2022年）、2000年『残りの時』（上村忠男訳、岩波書店、2005年）、2002年『開かれ』（岡田温司・多賀健太郎訳、平凡社、2004年；平凡社ライブラリー、2011年）、2003年『例外状態』（上村忠男・中村勝己訳、未來社、2007年）、2005年『瀆神』（堤康徳・上村忠男訳、月曜社、2005年；新装版、2014年）、2005年『思考の潜勢力』（高桑和巳訳、月曜社、2009年）、2007年『ニンファ　その他のイメージ論』（高桑和巳編訳、慶應義塾大学出版会、2015年）、2007年／2009年『王国と栄光』（高桑和巳訳、青土社、2010年）、『事物のしるし』（岡田温司・岡本源太訳、筑摩書房、2011年；ちくま学芸文庫、2019年）、2009年『裸性』（岡田温司・栗原俊秀訳、平凡社、2012年）、2011年『いと高き貧しさ』（上村忠男・太田綾子訳、みすず書房、2014年）、2012年『オプス・デイ』（杉山博昭訳、以文社、2019年）、2014年『身体の使用』（上村忠男訳、みすず書房、2016年）、2015年『スタシス』（高桑和巳訳、青土社、2016年）、2016年『哲学とはなにか』（上村忠男訳、みすず書房、2017年）、2016年『実在とは何か』（上村忠男訳、講談社選書メチエ、2018年）、2017年『書斎の自画像』（岡田温司訳、月曜社、2019年）、2017年『カルマン』（上村忠男訳、みすず書房、2022年）、2017年『創造とアナーキー』（岡田温司・中村魁訳、月曜社、2022年）、2019年『王国と楽園』（岡田温司・多賀健太郎訳、平凡社、2021年）、2020年『私たちはどこにいるのか？』（高桑和巳訳、青土社、2021年）などがある。

ハーマン・メルヴィル（Herman MELVILLE）
1819年生まれ、1891年死去。アメリカの作家。著書に、1851年『白鯨』、1856年『ピアザ物語』（「バートルビー」を含む短篇集）などがある。

バートルビー
偶然性について
附：ハーマン・メルヴィル『バートルビー』

ジョルジョ・アガンベン著◉高桑和巳訳

二〇〇五年七月三〇日初版発行◉二〇二三年二月二〇日第五刷（新装版第一刷）発行

発行者小林浩◉発行所有限会社月曜社
郵便番号一八二-〇〇〇六◉住所東京都調布市西つつじヶ丘四丁目四七番地三
電話〇三-三九三五-〇五一五（営業）◉〇四二-四八一-二五五七（編集）◉ファクス〇四二-四八一-二五六一
装幀大友哲郎◉印刷・製本株式会社シナノパブリッシングプレス
乱丁・落丁本はお取替えいたします。◉ISBN978-4-86503-142-3 Printed in Japan